rororo

MARIE KONDO arbeitet als selbständige Beraterin für Aufräumen und Ordnung. Nach dem Studium begann sie, die «KonMari-Methode» zu entwickeln, aus der mehrere Weltbestseller hervorgingen. Das *Time-Magazin* zählte sie zu den 100 einflussreichsten Frauen weltweit. Ihre Bücher wurden in fast 40 Sprachen übersetzt; ihre Aufräumserie bei Netflix fand international große Resonanz.

Cordelia Suzuki, Jg. 1982, studierte Japanologie in Hamburg, Tokyo und Bonn. Nach mehreren Jahren in Okinawa, der Heimat ihres Mannes, lebt sie heute mit ihm in ihrer Geburtsstadt Hamburg. Sie übersetzt Romane, Sachbücher und Comics aus dem Japanischen.

MARIE KONDO

ALLES IN ORDNUNG

Dein praktischer KonMari-Begleiter
für Wohnung und Leben

Aus dem Japanischen von
Cordelia Suzuki

Rowohlt
Taschenbuch
Verlag

Die japanische Originalausgabe erschien 2018
unter dem Titel «Konmari No Mainichi Ga Tokimeku Mahou
No Katazuke» bei Fusoha Publishing Inc., Tokio.

3. Auflage Januar 2026
Deutsche Erstausgabe
Veröffentlicht im Rowohlt Taschenbuch Verlag,
Rowohlt Verlag GmbH, Kirchenallee 19, 20099 Hamburg, Januar 2022

Coverabbildung FinePic®, München
Covergestaltung zero-media.net, München
Illustrationen Hiroko Yano
Typografie Farnschläder & Mahlstedt, Hamburg
Schriften Celeste und Futura
Druck und Bindung CPI books GmbH, Leck
ISBN 978-3-499-00686-9

Kontaktadresse nach EU-Produktsicherheitsverordnung:
produktsicherheit@rowohlt.de

MIX
Papier | Fördert gute Waldnutzung
FSC® C083411

Inhalt

VORWORT 8

Es ist nicht Ihre Schuld, wenn Sie nicht aufräumen können 10
Die goldenen Regeln des «Magic Cleaning» 12
Mit der richtigen Reihenfolge wird Aufräumen zum Kinderspiel 14
«Macht es mich glücklich?» als Auswahlkriterium 15

KAPITEL 1

WAS VOR DEM AUFRÄUMEN ZU ERLEDIGEN IST 17

Machen Sie sich Gedanken über Ihr ideales Zuhause 18
Wie sieht Ihr ideales Zuhause aus? 19
Kleben Sie Fotos ein oder zeichnen Sie Bilder, die Ihrem Traumhaus / Ihrer Traumwohnung entsprechen 22

Machen Sie sich Gedanken über Ihr ideales Leben 24
Mein idealer Morgen 24
Mein idealer Abend 27

Den Status quo bestimmen 30
Machen Sie sich Notizen zum Stauraum 31
Fotos einkleben 34

Bestimmen Sie den Aufräumzeitraum 36
Beispiele für einen Aufräumzeitraum 38
Die Vorbereitungen sind abgeschlossen! 40

KAPITEL 2

KLEIDUNG AUFRÄUMEN 41

Wie man Rückfälle vermeidet 42
Oberteile 44
Unterteile und Kleider 46
Jacken, Mäntel und Anzüge 48
Strumpfwaren 50

Unterwäsche 51
Handtaschen 52
Accessoires 53
Kleidung für besondere Anlässe 55
Schuhe 55

Alles in einem Rutsch einräumen! 56
Schritt 1: Kleidung nach oben aufsteigend aufhängen 56
Schritt 2: Zusammengelegte Kleidung farblich sortieren 57
Schritt 3: Die restlichen Dinge im Schrank verstauen 60
Schritt 4: Schuhe in den Schuhschrank räumen 62

Das Aufräumen der Kleidung ist geschafft.
Notieren Sie Ihre Eindrücke 64
Kleidung aufräumen: Wie war's? 65
Fotos einkleben 68

KAPITEL 3

BÜCHER AUFRÄUMEN 71

Wie man Rückfälle vermeidet 72
Welche Bücher machen Sie glücklich? 75
Die restlichen Bücher so verstauen, dass sie Freude bereiten 76

Das Aufräumen der Bücher ist geschafft.
Notieren Sie Ihre Eindrücke 78
Bücher aufräumen: Wie war's? 79
Fotos einkleben 82

KAPITEL 4

PAPIERKRAM AUFRÄUMEN 85

Wie man Rückfälle vermeidet 86
Tricks zum Sortieren lästiger Unterlagen 87
Liste von Dokumenten mit Fristen 90
Papierkram aufräumen: Wie war's? 91

KAPITEL 5

KLEINKRAM AUFRÄUMEN 93

Wie man Rückfälle vermeidet 94
Einen festen Platz für den Kleinkram bestimmen 96
CDs und DVDs 98
Pflegeprodukte 99
Make-up 100
Accessoires 101
Wertsachen 102
Elektronik 103
Alltagsgegenstände 104
Haushaltsgegenstände 107
Haushaltsgegenstände verstauen 109
Hobbyzubehör 111
Küchenutensilien und Lebensmittel 112

Gibt es noch Kleinkram, der übrig ist? 118
Wie man den restlichen Kleinkram aufräumt 119

Das Aufräumen des Kleinkrams ist geschafft. Notieren Sie Ihre Eindrücke 122
Kleinkram aufräumen: Wie war's? 123
Fotos einkleben 126

KAPITEL 6

ERINNERUNGSSTÜCKE AUFRÄUMEN 129

Wie man Rückfälle vermeidet 130

Alle Erinnerungsstücke aufräumen (außer Fotos) 132
Wie man Erinnerungsstücke aufräumt 133
Erinnerungsstücke aufräumen (außer Fotos): Wie war's? 135

Zum krönenden Abschluss: Fotos ausmisten 136
Fotos ausmisten: Wie war's? 137

Die Dinge, die Sie behalten, möchten sich nützlich machen 138

Wenn Sie alles aufgeräumt haben, wird sich Ihr Leben dramatisch verändern 139
Alles ist aufgeräumt: Wie war's? 140

NACHWORT 142

Vorwort

Guten Tag, mein Name ist Marie Kondo oder kurz: KonMari.

Das Ziel dieses Buchs lautet – das sage ich Ihnen ganz offen –, dass Sie ein und für alle Mal mit dem Aufräumen fertig werden und sich einen Alltag erschaffen, der Sie mit Glück erfüllt. Unter meinen Leserinnen und Lesern befinden sich mit Sicherheit einige, die mit der KonMari-Methode, auch «Magic Cleaning» genannt, bereits vertraut sind. Aber vielleicht hat sich aus irgendwelchen Gründen doch wieder das alte Chaos breitgemacht, oder Sie haben sich zwar fest vorgenommen aufzuräumen, doch dann kam immer etwas dazwischen ... Wenn das der Fall ist, ist dieses Buch Ihr idealer Begleiter.

Seine größte Stärke ist es, dass es Ihnen dabei hilft, sich beim Ausmisten mit sich selbst auseinanderzusetzen. Sie lernen Aufräumtechniken kennen und notieren begleitend, welche Gedanken und Gefühle währenddessen in Ihnen entstehen. Auf diese Weise finden Sie heraus, welche Marotten Sie haben, welche Dinge Sie horten und wo Ihnen das Loslassen schwerfällt, kurzum: Sie lernen Ihre Schwächen in puncto Aufräumen ganz genau kennen. Sich selbst zu reflektieren, ist ein entscheidender Faktor, damit das Aufräumen gelingt. Denn dadurch erkennt man nicht nur, welche Gegenstände einem wirklich wichtig sind, sondern dringt auch zu seinen eigenen Werten durch. Wenn einem diese bewusst geworden sind, schafft man es, so aufzuräumen, dass man nie wieder einen Rückfall erleidet.

In diesem Buch gibt es selbstverständlich auch genug Platz für Gedanken über Ihr «ideales Leben». Außerdem können Sie notieren, was Ihnen während des Aufräumprozesses auffällt oder wo sich vielleicht Ihre Gefühle verändern. Gerade das handschriftliche Eintragen halte ich für besonders wichtig.

In der heutigen Zeit machen sich viele Menschen hauptsächlich am Smartphone oder Computer Notizen, allerdings sollte man nicht den Effekt unterschätzen, den es hat, mit der eigenen Hand Buchstaben zu Papier zu bringen. Schreibt man in seiner eigenen Schrift seine eigene Situation und Gefühle nieder, wird einem viel klarer, wer man wirklich ist, als wenn man nur darüber nachdenkt.

Ich habe mir beispielsweise angewöhnt, Glücksmomente im Alltag, Gedanken und anderes in einem Notizbuch festzuhalten, das ich immer bei mir trage. Auf diese Weise setze ich mich immer wieder mit den Dingen auseinander, die mir Freude bereiten, und kann leichter erkennen, was angenehm für mich ist und was mich erfüllt.

Aufzuräumen ist eine unglaubliche Chance, da man dabei die Erfahrung macht, sich intensiv mit sich selbst auseinanderzusetzen. Ich wünsche Ihnen, dass Sie mithilfe dieses Buchs durch das Aufräumen in einen Dialog mit sich selbst treten und im Anschluss in Ihrem herrlich aufgeräumten Zuhause Ihr ideales Leben führen werden – selbstverständlich sind alle dafür nötigen Schritte hier detailliert aufgeführt, und Sie brauchen sich nicht selbst darüber den Kopf zu zerbrechen.

Nehmen Sie Ihren Lieblingsstift in die Hand und füllen Sie die folgenden Seiten mit Freude aus!

KonMari (Marie Kondo)

ES IST NICHT IHRE SCHULD, WENN SIE NICHT AUFRÄUMEN KÖNNEN

Kommt Ihnen der folgende Gedanke bekannt vor? «Ich würde gerne in einem schön aufgeräumten Zuhause leben.» Doch Sie haben keine Zeit, können sich nicht aufraffen, wissen nicht, wo Sie anfangen sollen – oder selbst, wenn Sie aufräumen, ist es in kürzester Zeit wieder unordentlich. Sie verzweifeln über Ihre eigene Unfähigkeit und machen sich Vorwürfe. Aber dass Sie nicht aufräumen können, ist überhaupt nicht Ihre Schuld.

Reden Sie sich bloß nicht Dinge ein wie: «Ich habe einfach zu viel zu tun» oder «Ich bin einfach ein zu chaotischer Typ, Aufräumen liegt mir nicht». Wenn Sie es nicht hinbekommen, Ordnung zu schaffen, dann liegt das nur daran, dass Sie noch nicht herausgefunden haben, was Sie für Ihren Besitz empfinden. Das passiert, wenn man Dinge verstaut oder ohne Konzept ausmistet, bevor man sich richtig mit ihnen auseinandergesetzt hat.

Glauben Sie mir, Aufräumen ist extrem simpel. Man wirft Gegenstände weg und bestimmt für alles, was übrig bleibt, einen festen Aufbewahrungsort. Das ist alles. Daher muss geklärt werden, warum man seinen Besitz nicht reduzieren kann oder welche Emotionen einen dazu bringen, nur halbherzig an die Sache heranzugehen. Solange man diesen Fragen nicht nachgeht, helfen auch noch so viele clevere Verstaumethoden nichts, dann wird man nie fertig. Ich sage immer: Aufräumen ist zu 90 Prozent Kopfsache. Wir nehmen jedes Teil einzeln in die Hand und finden heraus, was wir wirklich dafür empfinden. Und dafür wiederum spielt die Frage «Macht mich das glücklich?» eine bedeutende Rolle. Warum Sie es mithilfe dieses Buchs garantiert schaffen aufzuräumen.

Zum Aufräumen gehören nur zwei Dinge:

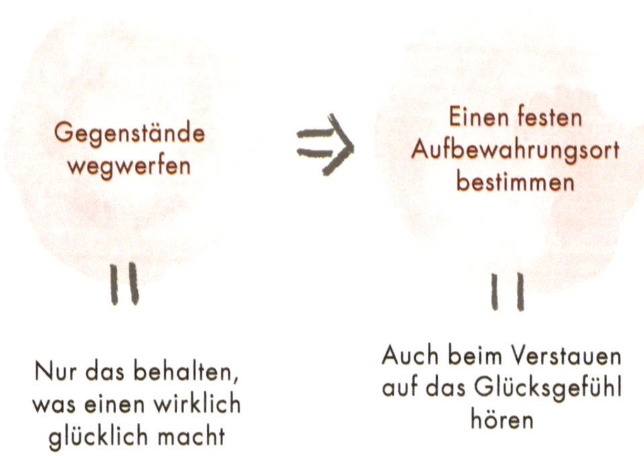

1
Wenn Sie das Buch begleitend ausfüllen, wird das Aufräumen zum Selbstläufer

Wer mit dem Aufräumen loslegt, ohne seine innere Einstellung zu ändern, wird nicht vorankommen. Damit das Aufräumen reibungslos verläuft, braucht es ein klares System. Dieses Buch gibt auch denjenigen, die nicht wissen, wo sie anfangen sollen, eine Struktur: Indem Sie einfach meinen Anweisungen folgen und die entsprechenden Fragen beantworten, wird Ihnen klar, was Sie für Ihren Besitz empfinden, und Sie wissen immer, was gerade zu tun ist.

2
Sie werden herausfinden, was Sie glücklich macht, als hätten Sie meinen Kurs absolviert

In meinen Aufräumkursen nimmt man einen Gegenstand nach dem anderen in die Hand und stellt sich die Frage: «Macht mich das glücklich?» Wenn man sich dieses Glücksgefühl bisher noch nicht bewusst gemacht hat, hat man zunächst vielleicht Schwierigkeiten, es von alleine zu erkennen. Doch indem Sie mithilfe dieses Buchs durchgehend Ihre Gefühle reflektieren, entwickeln Sie ein immer feineres Gespür dafür, was Sie glücklich macht. Fast, als hätten Sie einen meiner Kurse belegt!

3
Es gibt keinen Zeitdruck, Sie können in Ihrem eigenen Rhythmus vorgehen

Sie können selbst entscheiden, wie viel Zeit Sie sich nehmen wollen. Zwar würde ich Ihnen empfehlen, nach Möglichkeit alles in kurzer Zeit und in einem Rutsch konzentriert aufzuräumen, doch wenn das aus irgendwelchen Gründen nicht möglich sein sollte, gehen Sie so vor, wie es am besten zu Ihnen passt. Räumen Sie beispielsweise nur am Wochenende auf oder jeden Tag ein paar Stunden. Sie werden schon nicht zwischendurch das Handtuch werfen. Ganz im Gegenteil, gerade eine realistische Planung führt zum Erfolg.

REGEL 1

Nicht nach Orten getrennt aufräumen, sondern nach Dingen

Der Großteil der Menschen, die nach dem Aufräumen einen Rückfall ins alte Chaos erleiden, macht den Fehler, nach Orten getrennt auszumisten. Das Problem daran ist, dass man auf diese Weise nicht erfassen kann, wie viel sich tatsächlich zu Hause angehäuft hat. Da sich Dinge derselben Kategorie häufig über mehrere Orte verteilen, merkt man nicht, dass man viel zu viel von denselben Dingen besitzt. Daher gilt beim Ausmisten die Regel, nach Kategorien vorzugehen. Geht es beispielsweise um die Kategorie Bücher, tragen Sie ausnahmslos alle Bücher und Zeitschriften, egal wo diese sich verstecken, an einem Ort zusammen. Wenn man dann die Gesamtmenge sieht, wird einem klar, wie viel Dinge man aufgehoben hat, die man überhaupt nicht braucht. Gerade diese Erkenntnis lässt einen vorankommen.

REGEL 2

In der richtigen Reihenfolge aufräumen

Wir beginnen mit der Kleidung. Da wir jeden Tag Kleidung tragen, fällt uns der Glücks-Check verhältnismäßig leicht, und wir können wunderbar üben, ein Gefühl dafür zu bekommen, was uns glücklich macht und was nicht. Wenn Sie sich danach Bücher, Ihre Dokumente, den Kleinkram und die Erinnerungsstücke in genau dieser Reihenfolge vornehmen, wird Ihr Urteilsvermögen nach und nach geschärft.

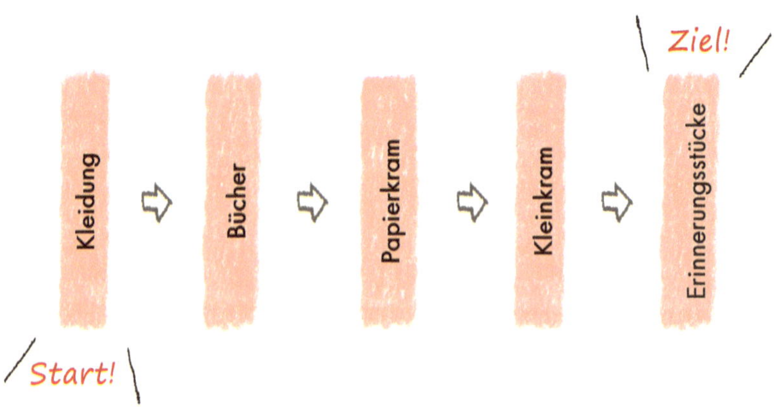

REGEL 3

Sich erst seine Absichten bewusst machen, dann aufräumen

Für das Ausmisten ist es unerlässlich, dass Sie sich Gedanken über Ihr Leben machen und präzise herausarbeiten, was Sie wollen. Indem Sie bei jedem Schritt in dieses Buch eintragen, was Ihnen auffällt und durch den Kopf geht und dies im Anschluss in die Praxis umsetzen, werden Sie mit dem Aufräumen stetig vorankommen.

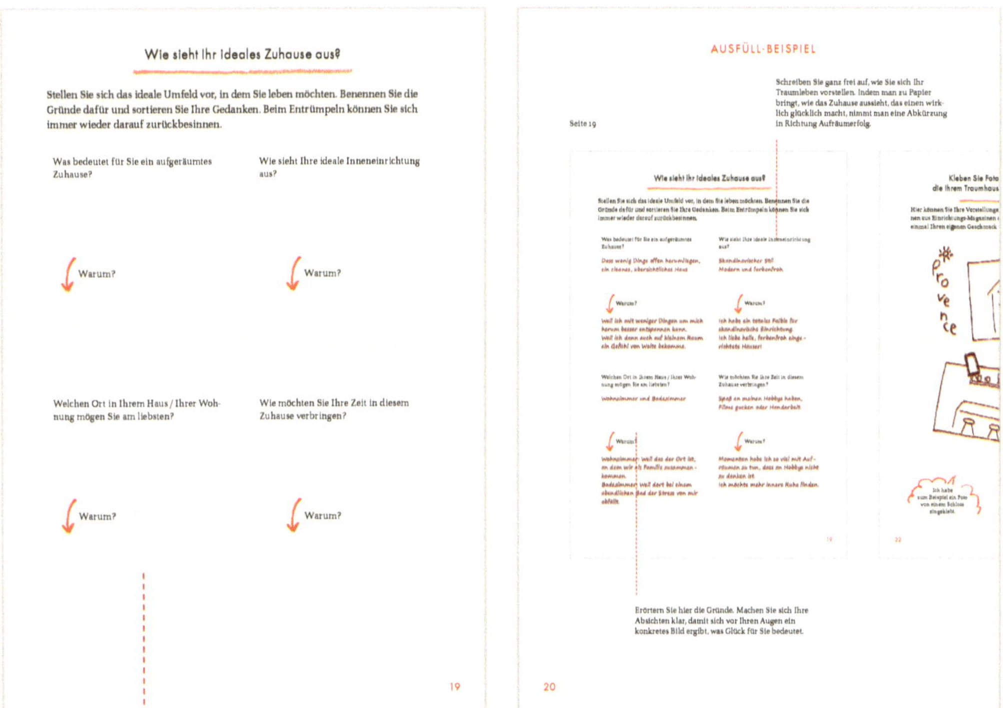

Wie sieht Ihr ideales Zuhause aus?

Stellen Sie sich das ideale Umfeld vor, in dem Sie leben möchten. Benennen Sie die Gründe dafür und sortieren Sie Ihre Gedanken. Beim Entrümpeln können Sie sich immer wieder darauf zurückbesinnen.

Was bedeutet für Sie ein aufgeräumtes Zuhause?

Warum?

Wie sieht Ihre ideale Inneneinrichtung aus?

Warum?

Welchen Ort in Ihrem Haus / Ihrer Wohnung mögen Sie am liebsten?

Warum?

Wie möchten Sie Ihre Zeit in diesem Zuhause verbringen?

Warum?

19

AUSFÜLL-BEISPIEL

Seite 19

Schreiben Sie ganz frei auf, wie Sie sich Ihr Traumleben vorstellen. Indem man zu Papier bringt, wie das Zuhause aussieht, das einen wirklich glücklich macht, nimmt man eine Abkürzung in Richtung Aufräumerfolg.

Erörtern Sie hier die Gründe. Machen Sie sich Ihre Absichten klar, damit sich vor Ihren Augen ein konkretes Bild ergibt, was Glück für Sie bedeutet.

20

Felder zum Ausfüllen

MIT DER RICHTIGEN REIHENFOLGE WIRD AUFRÄUMEN ZUM KINDERSPIEL

Für wen ist dieses Buch? Für Menschen, denen das Aufräumen schwerfällt. Für Menschen, die meine Bücher gelesen haben, sich aber bislang nicht aufraffen konnten, tatsächlich loszulegen. Oder diejenigen, die es versucht haben, aber nicht gut vorangekommen sind. Dieses Buch soll dafür sorgen, dass auch für sie das Aufräumen ein voller Erfolg wird.

Jeder kann aufräumen. Ich bin davon überzeugt, dass man nie wieder in die alte Unordnung zurückfallen wird, wenn man nur nach der richtigen Methode vorgeht. Wenn man einen Rückschlag erleidet, liegt das bloß an einer falschen Vorgehensweise. Um reibungslos mit dem Aufräumen voranzukommen, ist die richtige Reihenfolge das A und O. In diesem Buch wird die Methode des «Magic Cleaning» Schritt für Schritt erklärt, sodass nichts schiefgehen kann.

Als Erstes machen Sie sich darüber Gedanken, welche Art von Leben Sie in welcher Art von Umgebung führen möchten. Malen Sie es sich ganz konkret aus. Im Anschluss nehmen Sie sich – in genau der Reihenfolge – die Kategorien Kleidung, Bücher, Papiere, Kleinkram und Erinnerungsstücke vor und tragen alle Dinge einer Kategorie an einem Ort zusammen. Nehmen Sie alle einzeln in die Hand und behalten nur die, die Sie glücklich machen. Ganz zum Schluss bestimmen Sie für all jene Dinge, die Sie behalten haben, einen festen Platz und verstauen sie ordnungsgemäß. Das ist der grobe Verlauf.

Am Ende jedes Schritts finden Sie eine Seite mit Fragen, auf der Sie reflektieren können, was Sie beim Ausmisten empfunden haben oder was Ihnen aufgefallen ist. So können Sie sich jedes Mal Ihre Gefühle bewusst machen und laufen nicht Gefahr, dass vor lauter Arbeit die Seele auf der Strecke bleibt. Wenn Sie das Buch durchgearbeitet haben, werden Sie nur noch von ordentlich verstauten Dingen umgeben sein, die Sie glücklich machen – in Ihrem idealen Zuhause.

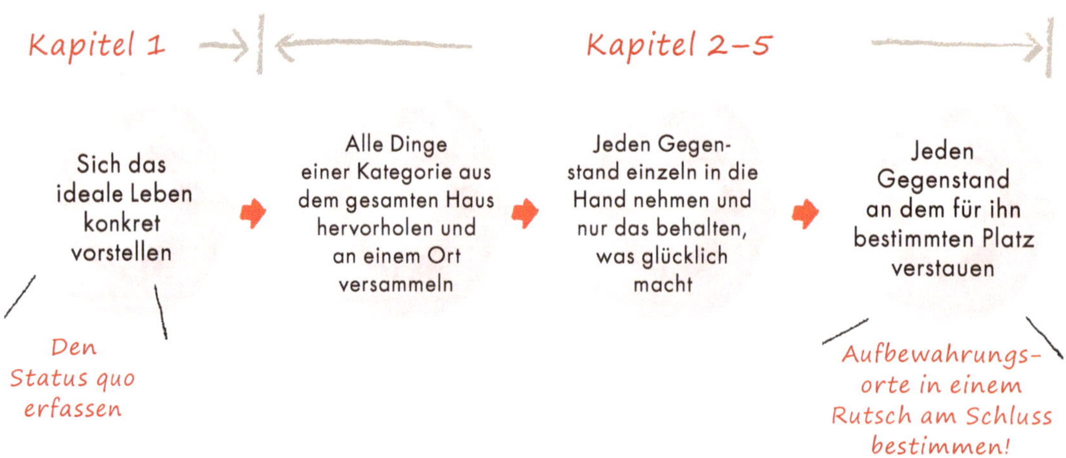

Beginnen Sie beim Ausmisten mit Ihren eigenen Dingen

Vielleicht wird es Sie in den Fingern jucken, auch gleich bei Ihren Familienmitgliedern auszumisten, doch denken Sie daran, dass jedem Menschen andere Dinge wichtig sind. Sie sollten nicht eigenmächtig darüber entscheiden, was gebraucht wird und was überflüssig ist. Beginnen Sie daher unbedingt zunächst mit Ihren eigenen Sachen.

«MACHT ES MICH GLÜCKLICH?» ALS AUSWAHLKRITERIUM

Entscheidend beim Aufräumen ist, dass man sich nicht mehr damit beschäftigt, was warum weggeworfen werden soll. Denken Sie, dass Sie nichts wegwerfen können, weil Sie keinen Grund dafür haben? Dabei kommt man gerade, wenn man sich auf die Entscheidung konzentriert, was wegsoll, häufig nicht weiter. Stattdessen lautet die richtige Vorgehensweise, die Dinge auszuwählen, die man behalten möchte. Nur, wie findet man heraus, welche das sind? Das Auswahlkriterium ist die Beantwortung der Frage: «Macht es mich glücklich?»

Auf den ersten Blick mag das etwas vage klingen, doch Sie räumen schließlich auf, um glücklicher zu werden. Daher ist es wichtig, dass Sie nur die Dinge auswählen, deren Besitz Sie glücklich macht. Um ein entsprechendes Urteil fällen zu können, ist es wichtig, dass Sie jeden einzelnen Gegenstand berühren, ihn in die Hand nehmen. Wie fühlt er sich an? Ist es angenehm, ihn neben sich abzulegen? Beobachten Sie Ihre körperlichen Reaktionen dabei ganz genau. Wenn beim Berühren Ihr Herz hüpft, Sie ein wohliges Gefühl verspüren oder ein Lächeln über Ihre Lippen huscht, sollten Sie den Gegenstand auf jeden Fall behalten.

Gleichzeitig ist für die Dinge, bei denen Sie weder Glück noch Erfüllung empfinden, der Zeitpunkt des Abschieds gekommen.

Ein weiterer wichtiger Punkt: Wenn Sie sich von einem Gegenstand trennen, sollten Sie sich bei ihm dafür bedanken, dass er eine Rolle in Ihrem Leben gespielt hat. Bei einem teuren Kleidungsstück, das Sie kaum getragen haben, könnte das beispielsweise so klingen: «Danke, dass du mir gezeigt hast, dass mir diese Art von Kleid nicht steht.»

Indem Sie sich bei einem Gegenstand für seine Aufgabe bedanken, reduzieren Sie Ihr schlechtes Gewissen beim Wegwerfen. Selbstverständlich müssen Sie nicht alles im Müll entsorgen, sondern können die aussortierten Dinge auch spenden oder zum Secondhandshop bringen.

Was, wenn ich einfach nicht weiß, ob mich etwas glücklich macht?

- Stressen Sie sich nicht, wenn Sie nicht gleich wissen, ob etwas glücklich macht.
- Versuchen Sie, intuitiv eine Rangliste Ihrer drei Lieblingsstücke zu bestimmen.
- Drücken Sie den Gegenstand fest an sich.

Zu Anfang ist es vielleicht nicht immer ganz einfach, das Glücksgefühl zu erkennen, doch das muss Sie nicht nervös machen. In solchen Situationen empfehle ich Ihnen, einen Vergleich anzustellen: Überlegen Sie sich eine Top-3-Liste Ihrer Lieblingskleidungsstücke oder stellen Sie eine Rangfolge her. Ein weiterer Trick lautet, die Dinge nicht nur zu berühren, sondern innig an sich zu drücken.

Kapitel 1

Was vor dem Aufräumen zu erledigen ist

Falls Sie sich jetzt sagen: «Los geht's!», und schon die Ärmel hochgekrempelt haben, muss ich Sie leider noch kurz bremsen. Es gibt davor noch etwas zu erledigen: die seelische Vorbereitung. Bitte beschließen Sie jetzt von ganzem Herzen, dass Sie ernsthaft aufräumen wollen, um Ihr Leben mit Glück zu erfüllen. Dann beantworten Sie die Fragen auf den nächsten Seiten zu Ihrem idealen Leben.

Machen Sie sich Gedanken über Ihr ideales Zuhause

Bevor Sie mit dem Aufräumen beginnen, sollten Sie darüber nachdenken, wie Sie sich Ihre ideale Wohnumgebung vorstellen, und dies zu Papier bringen. Halten Sie sich dabei bitte nicht zurück. Durchstöbern Sie Wohnmagazine und Einrichtungs-websites, schwelgen Sie in Fantasien und malen Sie sich Ihr Traumleben in vollen Zügen aus. Versuchen Sie, ein so konkretes und detailliertes Bild wie möglich zu bekommen. Wie sieht die Einrichtung aus? Warum gefällt Ihnen genau das? Wie wollen Sie in dieser Umgebung Ihr Leben verbringen? Warum?

Mithilfe solcher gezielten Fragen finden Sie heraus, wie Glück für Sie ganz persönlich aussieht. Wenn Sie vor dem Aufräumen Ihr Traumleben klar vor Augen haben, wird das auch große Auswirkungen auf Ihre Motivation haben.

Wie sieht Ihr ideales Zuhause aus?

Stellen Sie sich das ideale Umfeld vor, in dem Sie leben möchten. Benennen Sie die Gründe dafür und sortieren Sie Ihre Gedanken. Beim Entrümpeln können Sie sich immer wieder darauf zurückbesinnen.

Was bedeutet für Sie ein aufgeräumtes Zuhause?

Warum?

Wie sieht Ihre ideale Inneneinrichtung aus?

Warum?

Welchen Ort in Ihrem Haus / Ihrer Wohnung mögen Sie am liebsten?

Warum?

Wie möchten Sie Ihre Zeit in diesem Zuhause verbringen?

Warum?

Seite 19

Schreiben Sie ganz frei auf, wie Sie sich Ihr Traumleben vorstellen. Indem man zu Papier bringt, wie das Zuhause aussieht, das einen wirklich glücklich macht, nimmt man eine Abkürzung in Richtung Aufräumerfolg.

Wie sieht Ihr ideales Zuhause aus?

Stellen Sie sich das ideale Umfeld vor, in dem Sie leben möchten. Benennen Sie die Gründe dafür und sortieren Sie Ihre Gedanken. Beim Entrümpeln können Sie sich immer wieder darauf zurückbesinnen.

Was bedeutet für Sie ein aufgeräumtes Zuhause?

Dass wenig Dinge offen herumliegen, ein cleanes, übersichtliches Haus

Warum?

Weil ich mit weniger Dingen um mich herum besser entspannen kann. Weil ich dann auch auf kleinem Raum ein Gefühl von Weite bekomme.

Wie sieht Ihre ideale Inneneinrichtung aus?

Skandinavischer Stil. Modern und farbenfroh.

Warum?

Ich habe ein totales Faible für skandinavische Einrichtung. Ich liebe helle, farbenfroh eingerichtete Häuser!

Welchen Ort in Ihrem Haus / Ihrer Wohnung mögen Sie am liebsten?

Wohnzimmer und Badezimmer

Warum?

Wohnzimmer: Weil das der Ort ist, an dem wir als Familie zusammenkommen. Badezimmer: Weil dort bei einem abendlichen Bad der Stress von mir abfällt.

Wie möchten Sie Ihre Zeit in diesem Zuhause verbringen?

Spaß an meinen Hobbys haben, Filme gucken oder Handarbeit.

Warum?

Momentan habe ich so viel mit Aufräumen zu tun, dass an Hobbys nicht zu denken ist. Ich möchte mehr innere Ruhe finden.

19

Kleben
die Ihrem Tra

Hier können Sie Ihre Vo
nen aus Einrichtungs-M
einmal Ihren eigenen Ge

Ich habe zum Beispiel ein Foto von einem Schloss eingeklebt.

22

Erörtern Sie hier die Gründe. Machen Sie sich Ihre Absichten klar, damit sich vor Ihren Augen ein konkretes Bild ergibt, was Glück für Sie bedeutet.

AUSFÜLL-BEISPIEL

Kleben Sie Bilder aus Zeitschriften ein, die Ihnen gefallen, zum Beispiel von Wohnräumen aus anderen Ländern oder schöner Einrichtung. Damit steigern Sie noch einmal Ihre Motivation!

Seite 22–23

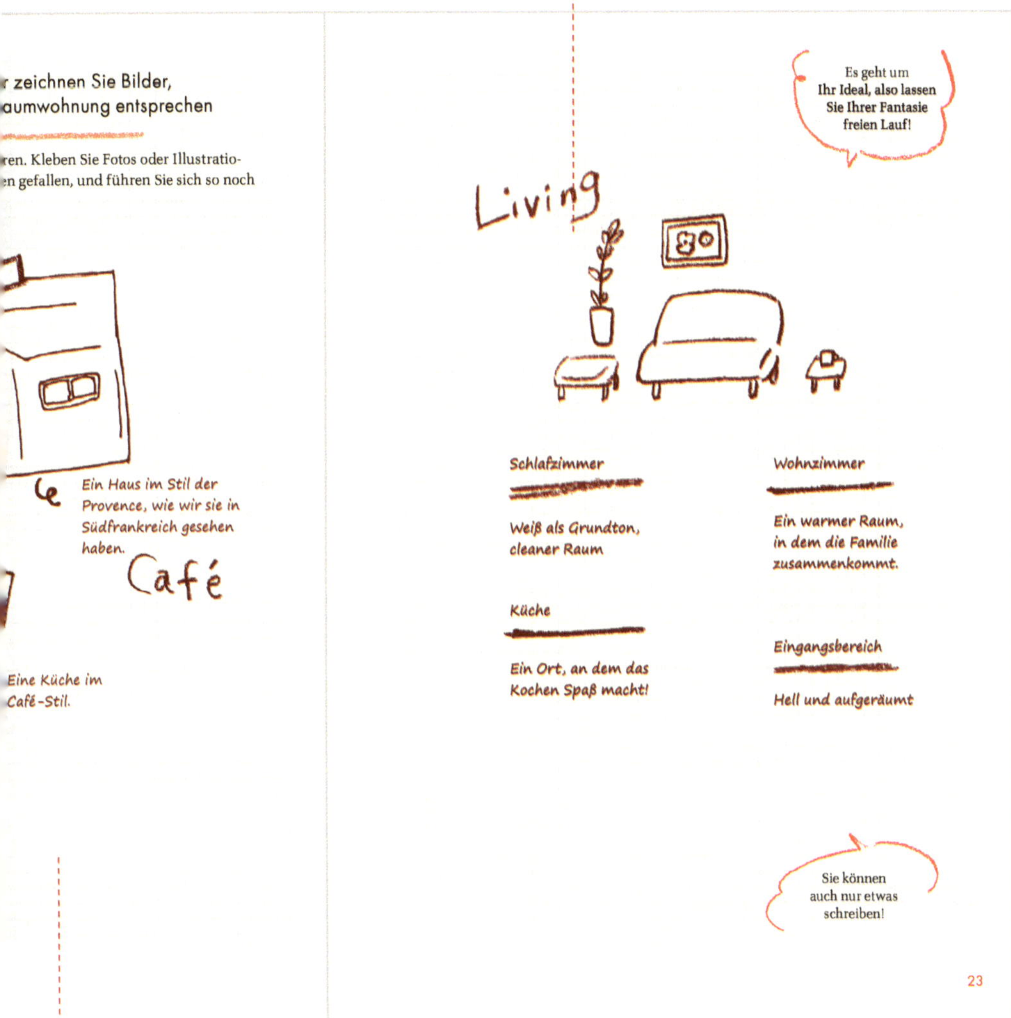

r zeichnen Sie Bilder,
aumwohnung entsprechen

ren. Kleben Sie Fotos oder Illustratio-
n gefallen, und führen Sie sich so noch

Ein Haus im Stil der Provence, wie wir sie in Südfrankreich gesehen haben.

Café

Eine Küche im Café-Stil.

Es geht um **Ihr Ideal, also lassen Sie Ihrer Fantasie freien Lauf!**

Living

Schlafzimmer

Weiß als Grundton, cleaner Raum

Wohnzimmer

Ein warmer Raum, in dem die Familie zusammenkommt.

Küche

Ein Ort, an dem das Kochen Spaß macht!

Eingangsbereich

Hell und aufgeräumt

Sie können auch nur etwas schreiben!

23

Sie können Ihr Ideal mit Worten oder in Bildern ausdrücken, ganz so, wie es für Sie am leichtesten ist. Arbeiten Sie nach Lust und Laune mit Freiräumen und Farben.

Kleben Sie Fotos ein oder zeichnen Sie Bilder, die Ihrem Traumhaus / Ihrer Traumwohnung entsprechen

Hier können Sie Ihre Vorstellungen visualisieren. Kleben Sie Fotos oder Illustrationen aus Einrichtungs-Magazinen ein, die Ihnen gefallen, und führen Sie sich so noch einmal Ihren eigenen Geschmack vor Augen.

Ich habe zum Beispiel ein Foto von einem Schloss eingeklebt.

Es geht um
Ihr Ideal, also lassen
Sie Ihrer Fantasie
freien Lauf!

Sie können
auch nur etwas
schreiben!

Machen Sie sich Gedanken über Ihr ideales Leben

Mein idealer Morgen

Tragen Sie in diesen Zeitplan ein, wie Sie Ihren Morgen idealerweise verbringen möchten. Gehen Sie dabei ruhig ins Detail: Ob «In Ruhe einen Tee trinken» oder «Eine Runde Staub saugen» – beschreiben Sie die Situationen so, dass sie ganz plastisch vor Ihrem inneren Auge erscheinen. Denken Sie dann darüber nach, wie Ihr Zuhause dafür sein muss. Ihnen wird klar werden, dass das Aufräumen absolut notwendig ist, wenn Sie solch erfüllte Stunden verbringen wollen.

MEIN IDEALER MORGEN

Dafür ist wichtig:

Uhrzeit	Tätigkeit
__ : __	
__ : __	
__ : __	
__ : __	
__ : __	
__ : __ __ : __	

Dafür ist wichtig:

Dafür ist wichtig:

Dafür ist wichtig:

Dafür ist wichtig:

Dafür ist wichtig:

AUSFÜLL-BEISPIEL

Notieren Sie hier alles, was nötig ist, damit Sie Ihre Traumvorstellungen in die Tat umsetzen können. Benennen Sie ganz konkret, wenn etwas mit dem Aufräumen zusammenhängt, zum Beispiel «Fürs Stretching muss der Fußboden freigeräumt sein»

Seite 25

MEIN IDEALER MORGEN

Uhrzeit	Tätigkeit
6 : 00	Fenster öffnen, Räucherstäbchen anzünden, Stretching Pflanzen gießen
6 : 15	Sanfte Gesichtsreinigung Waschmaschine anmachen Frühstück vorbereiten
6 : 45	Kurz sauber machen Schnell umziehen Mann und Kinder wecken
7 : 15	Tisch decken, angenehme Musik anstellen, frühstücken
7 : 45	Frühstückstisch abräumen Wäsche aufhängen
8 : 00	Mann verabschieden 3-Minuten-Make-up
8 : 30	Mit den Kindern zusammen das Haus verlassen

Dafür ist wichtig:
Ein aufgeräumter Fußboden, auf dem genug Platz zum Stretching ist Fensterbank muss freigeräumt sein

Dafür ist wichtig:
Körbe zum Sortieren der Wäsche besorgen

Dafür ist wichtig:
Unkomplizierte Garderobe zusammenstellen, die kein längeres Nachdenken erfordert

Dafür ist wichtig:
Genug Zeit und Muße Frühstücksgeschirr muss leicht zugänglich sein

Dafür ist wichtig:
Überflüssige Kochutensilien aussortieren!

Dafür ist wichtig:
Aufgeräumter Eingangsbereich Sortieren der Schminksachen

25

Ich habe das Gefühl, dass der ganze Tag runder läuft, wenn man sich schon am Morgen Glücksmomente schafft. Je detaillierter Sie sich Ihre Idealvorstellungen notieren, desto eher lassen sie sich in die Realität übertragen.

Hausfrauen und -männer können sich die Zeit bis ca. 9 Uhr einteilen – oder wie sie mögen. Für Studierende oder Berufstätige definiert sich der Morgen bis zu der Zeit, zu der das Haus verlassen werden muss.

Mein idealer Abend

So, wie Sie es für die Morgenstunden getan haben, machen Sie sich nun Gedanken darüber, wie Sie idealerweise Ihren Abend verbringen möchten, wenn Sie von der Arbeit, der Schule oder den Einkäufen fürs Abendessen heimgekehrt sind. Mit der Art, wie Sie die Zeit bis zum Schlafengehen zubringen, verändert sich auch die Qualität Ihres Schlafs und Ihr Aufwachen am nächsten Tag.

Denken Sie darüber nach, inwieweit Sie dafür Ihr Wohnumfeld in Ordnung bringen müssen. Für einen angenehmen Schlaf ist es wichtig, so viel wie möglich entspannen zu können und Reizüberflutungen zu vermeiden. Versuchen Sie, sich bewusst den Raum und die nötige Zeit für Erholung zu schaffen.

Dinge, die ich vor dem Schlafengehen tunlichst vermeide

Im Internet surfen oder das Smartphone nutzen

Wenn man einen Computer oder ein Smartphone benutzt, starrt man permanent auf einen hellen Bildschirm und löst so in Augen und Gehirn einen starken Reiz aus. Damit das Einschlafen nicht darunter leidet, versuche ich, Bildschirme zu später Stunde zu vermeiden.

Kalte Getränke trinken

Wenn man etwas Kaltes trinkt, wird das sympathische Nervensystem und somit der Kreislauf angeregt, gleichzeitig wird das parasympathische Nervensystem, das für den Schlaf wichtig ist, geschwächt. Daher trinke ich vor dem Schlafen ein entspannendes, koffeinfreies Heißgetränk.

AUSFÜLL-BEISPIEL

Seite 29

Wenn Sie sich vorstellen, wie ein Raum aussehen würde, in dem Sie gut entspannen können – beispielsweise «es dürfte nichts auf dem Tisch liegen» –, werden Sie ziemlich schnell erkennen, was Sie benötigen, um Ihre Abendstunden auf ideale Weise verbringen zu können.

MEIN IDEALER ABEND

Uhrzeit	Tätigkeit
18 : 00	Nach dem Nachhausekommen abschminken und umziehen Abendessen zubereiten
19 : 00	Mit der Familie gemeinsam essen
20 : 00	Esstisch abräumen und Geschirr spülen (mit den Kindern gemeinsam) Bad einlassen
20 : 30	Kinder baden und ins Bett bringen Kurz Ordnung schaffen
21 : 00	Wäsche falten Handarbeit
22 : 00	Selbst in Ruhe baden (mit Aromaöl)
23 : 00	Für den heutigen Tag bedanken und schlafen gehen

Dafür ist wichtig:
Temporären Ort für Kleidung, die noch nicht gewaschen werden soll, festlegen

Dafür ist wichtig:
Nichts auf dem Esstisch abstellen

Dafür ist wichtig:
Küche so umgestalten, dass die Kinder gut darin zurechtkommen

Dafür ist wichtig:
Alles, was rumliegt, schnell verstauen können. Dingen einen festen Platz zuweisen

Dafür ist wichtig:
Meinem Mann zeigen, wie man die Wäsche faltet
Eine Ecke für meine Handarbeitssachen einrichten

Dafür ist wichtig:
Das Bad zu einem gemütlichen Raum machen
Bettwäsche regelmäßig wechseln

Machen Sie sich einen gemütlichen Abend!

29

Stellen Sie sich vor, was Sie zwischen dem Nachhausekommen und dem Zubettgehen tun möchten, um sich auf den nächsten Tag vorzubereiten oder gemütlich und in Ruhe schlafen zu können. Passen Sie auf, dass Sie sich nicht zu viel vornehmen.

Bevor ich einschlafe, bedanke ich mich für die Menschen in meiner Nähe, das Haus, die Dinge und den heutigen Tag. Das sorgt für innere Ruhe und ein erfrischtes Aufwachen am nächsten Morgen.

MEIN IDEALER ABEND

Dafür ist wichtig:

Uhrzeit	Tätigkeit
___ : ___	
___ : ___	
___ : ___	
___ : ___	
___ : ___	
___ : ___	
___ : ___	

Dafür ist wichtig:

Dafür ist wichtig:

Dafür ist wichtig:

Dafür ist wichtig:

Dafür ist wichtig:

Machen Sie sich einen gemütlichen Abend!

Den Status quo bestimmen

Wenn Sie sich Ihr Ideal genau ausgemalt haben, geht es im nächsten Schritt darum, den Zustand Ihres Zuhauses unter die Lupe zu nehmen. Indem man sein Hab und Gut einmal ganz nüchtern von allen Seiten betrachtet, bekommt man ein Gefühl dafür, wie viele Dinge man tatsächlich besitzt. Identifizieren Sie bei der Gelegenheit auch unbedingt den vorhandenen Stauraum in Form von Schränken, Regalen etc. und machen Sie sich entsprechend Notizen. Wenn Sie wissen, wo Sie Dinge unterbringen können, wird es Ihnen im letzten Schritt leichter fallen, jedem Gegenstand seinen Platz zuzuweisen.

Zu guter Letzt können Sie, indem Sie jedes Zimmer durchgehen und dabei Fotos machen, sich auch den jetzigen Ist-Zustand vor Augen führen. Vor dem Entrümpeln und Aufräumen einmal den Status quo fotografisch festzuhalten, steigert die Vorfreude darauf, wie sich die Räumlichkeiten wohl verändern werden.

Machen Sie sich Notizen zum Stauraum

Gehen Sie durch Ihr Haus oder Ihre Wohnung und machen Sie sich ein Bild von der aktuellen Stauraumsituation. Zeichnen Sie einen Grundriss und markieren Sie darin die Aufbewahrungsmöglichkeiten. Das Ziel ist es lediglich, sich einen Überblick zu verschaffen, verwenden Sie daher nicht zu viel Zeit auf diese Aufgabe.

Machen Sie den Check schnell und in einem Rutsch!

Machen Sie Fotos von den Räumen und den Aufbewahrungsmöglichkeiten!

Nachdem Sie Ihr Haus oder Ihre Wohnung inspiziert haben, fertigen Sie einen einfachen Grundriss an und zeichnen grob ein, an welchen Stellen sich welche Aufbewahrungsmöglichkeiten wie Schränke oder Regale befinden.

Seite 31

Machen Sie sich Notizen zum Stauraum

Gehen Sie durch Ihr Haus oder Ihre Wohnung und machen Sie sich ein Bild von der aktuellen Stauraumsituation. Zeichnen Sie einen Grundriss und markieren Sie darin die Aufbewahrungsmöglichkeiten. Das Ziel ist es lediglich, sich einen Überblick zu verschaffen, verwenden Sie daher nicht zu viel Zeit auf diese Aufgabe.

Machen Sie den Check schnell und in einem Rutsch!

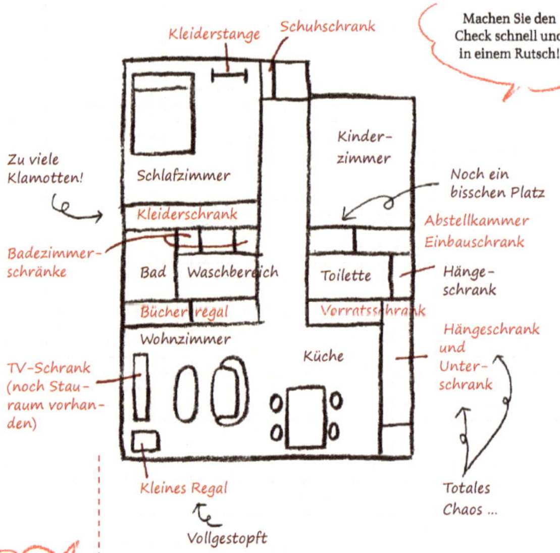

Machen Sie Fotos von den Räumen und den Aufbewahrungsmöglichkeiten!

31

Drucken Sie die Fotos nac
es aussieht. Damit wird si
setzen, verfestigen.
Durch das Betrachten d
beurteilen und werden si
macht es Spaß, sich nach
Nachher anzusehen.

Es reichen auch Fotos von den Orten, die Sie besonders stören!

34

An diesem Punkt können Sie noch getrost ignorieren, was genau sich in den Schränken und Regalen befindet. Stellen Sie bloß fest, ob dort noch viel Platz ist oder nicht, und notieren Sie das in kurzen Stichworten wie «Ziemlich vollgestopft» oder «Passt noch mehr rein».

Seite 34–35

Drucken Sie die Fotos nach Möglichkeit aus und kleben Sie sie ein. Egal, wie schlimm es aussieht. Damit wird sich Ihr Entschluss, dem Chaos ein für alle Mal ein Ende zu setzen, verfestigen.

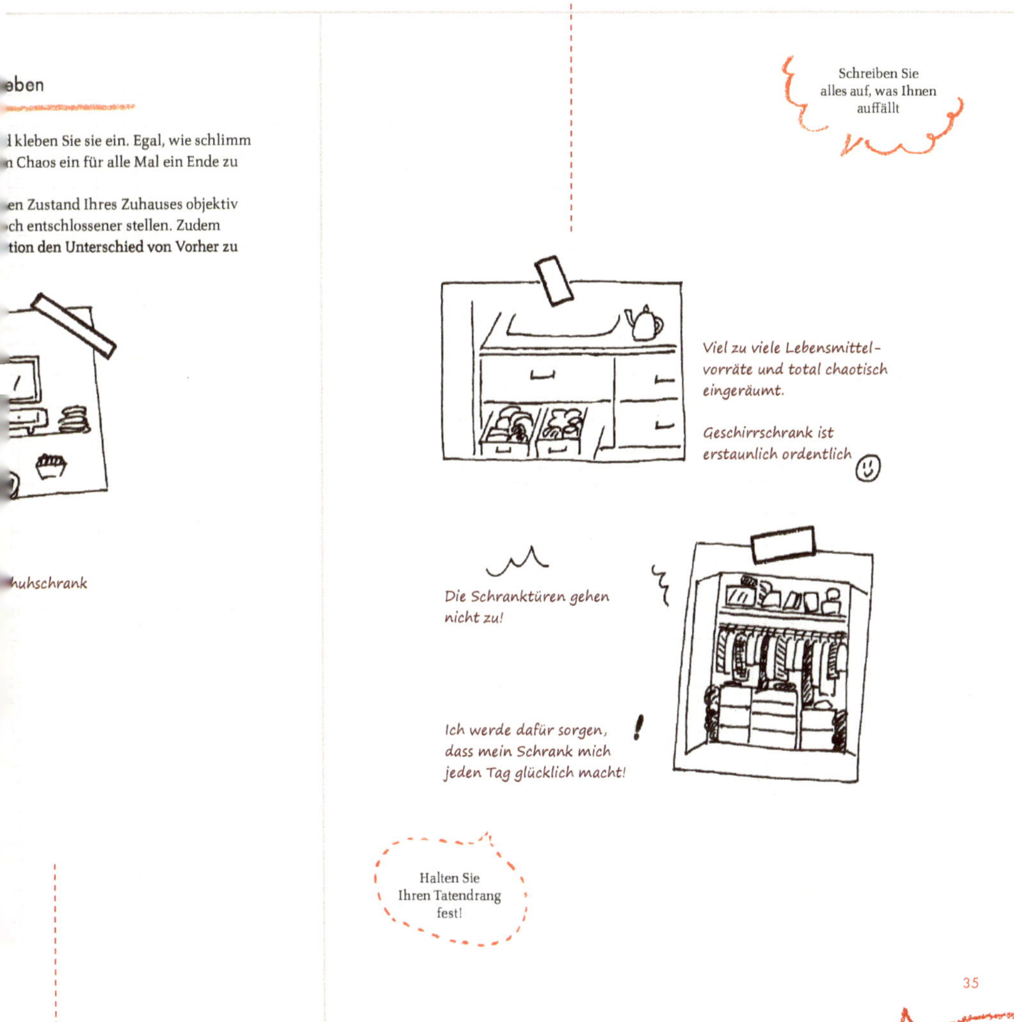

Gehen Sie als Erstes das Haus / die Wohnung durch!

Notieren Sie zügig alles, was Ihnen auffällt, zum Beispiel «Dinge der gleichen Kategorie sind an vielen verschiedenen Orten einsortiert», «Der Kleiderschrank platzt aus allen Nähten» oder auch «Das Badezimmer ist schon recht ordentlich».

Fotos einkleben

Drucken Sie die Fotos nach Möglichkeit aus und kleben Sie sie ein. Egal, wie schlimm es aussieht. Damit wird sich Ihr Entschluss, dem Chaos ein für alle Mal ein Ende zu setzen, verfestigen.

Durch das Betrachten der Fotos können Sie den Zustand Ihres Zuhauses objektiv beurteilen und werden sich dem Aufräumen noch entschlossener stellen. Zudem macht es Spaß, sich nach der Entrümpelungsaktion den Unterschied von Vorher zu Nachher anzusehen.

Es reichen auch Fotos von den Orten, die Sie besonders stören!

Schreiben Sie
alles auf, was Ihnen
auffällt

Halten Sie
Ihren Tatendrang
fest!

Bestimmen Sie den Aufräumzeitraum

Ich bezeichne das Aufräumen auch gerne als großes Fest. Ein Fest ist nichts, was sich ewig hinzieht, sondern innerhalb eines bestimmen Zeitraums beendet wird. Legen Sie deshalb jetzt den Zeitraum für Ihr Aufräumen fest, indem Sie ein Anfangs- und ein Enddatum bestimmen.

Nachdem Sie Ihr Aufräumfest erfolgreich gefeiert haben, geht es im Alltag lediglich noch darum, die Dinge nach der Benutzung wieder an ihren Platz zurückzulegen. Sie werden ein für alle Mal vom leidigen Aufräumen befreit sein und ein entspanntes Leben in der Umgebung führen, die Ihnen gefällt. Finden Sie nicht auch, dass der Gedanke daran das Entrümpeln und Ausmisten wie ein freudiges Fest erscheinen lässt?

Wie viel Zeit Sie benötigen, bestimmen Sie ganz allein. Insbesondere, wenn Sie eine Tendenz zu Aufschieberitis haben, ist es ratsam, den Zeitplan in mehrere kleine Abschnitte zu unterteilen.

Sie können das Enddatum jederzeit anpassen

Sie haben endlich mit dem Aufräumen angefangen, doch es dauert alles viel länger als gedacht, und Ihr Plan lässt sich beim besten Willen nicht einhalten? Verlieren Sie bitte nicht den Mut. Sie können das Enddatum jederzeit verschieben, davon geht die Welt nicht unter. Die Hauptsache ist, dass Sie sich überhaupt eine ordentliche Deadline setzen. Menschen mit sehr viel Zeug oder diejenigen mit wenig Zeit müssen auch nicht alles bis zum Ende durchplanen, sondern können auch erst mal nur einen Termin für die Kleidung festlegen und sich dann jede Kategorie einzeln vornehmen.

ZIELSETZUNG

Ich will am …

Kleidung	____ ____ ____	Start	anfangen
	____ ____ ____	Ende	fertig werden
Bücher	____ ____ ____	Start	
	____ ____ ____	Ende	
Papiere	____ ____ ____	Start	
	____ ____ ____	Ende	
Kleinkram	____ ____ ____	Start	
	____ ____ ____	Ende	
Erinnerungsstücke	____ ____ ____	Start	
	____ ____ ____	Ende	

Tag / Monat / Jahr / Uhrzeit

____
Tag

____________ ____________
Monat Jahr

komplett mit dem Aufräumen fertig sein!

BEISPIELE FÜR EINEN AUFRÄUMZEITRAUM

Auf dieser Seite möchte ich Ihnen einige Erfahrungsberichte von Klientinnen meines Aufräumcoachings vorstellen. Suchen Sie sich den Typus heraus, dem Sie am meisten ähneln, und orientieren Sie sich daran, wenn Sie Ihren Aufräumzeitraum festlegen.

Viel Stress und wenig Zeit

Typ «In aller Ruhe Stück für Stück»

Frau T., eine berufstätige Mutter in den Dreißigern, brauchte acht Monate.
Ich lebe mit meiner fünfköpfigen Familie in einem Haus mit sechs Zimmern. Da wir viel Platz haben, haben sich mit der Zeit immer mehr Dinge angesammelt. Anfangs fiel mir das Ausmisten ziemlich schwer. Mein Aufräumcoaching fand einmal pro Monat statt, und erst ab ungefähr der fünften Stunde – als wir beim Entrümpeln der Küchenutensilien angekommen waren – fühlte sich das Haus wirklich ordentlicher an. Auch meine Familie fing ab dem Zeitpunkt an, mit anzupacken. In insgesamt acht Sitzungen und acht Monaten haben sowohl mein Zuhause als auch meine Familie eine große Transformation durchgemacht.

Frau I., eine hart arbeitende Karrierefrau in den Vierzigern, nahm sich eineinhalb Jahre Zeit.
Ich lebe alleine in einer Zweizimmerwohnung. Bei mir hatte sich vor allem viel Kleidung angesammelt, und in unserer ersten Sitzung brachte ich alleine damit acht Stunden ohne Pause zu. In der zweiten Sitzung ging es dann an Gürtel, Handtaschen und andere Accessoires. Das Coaching fand einmal alle paar Monate statt, und ich benötigte insgesamt sechs Sitzungen, um meine komplette Wohnung zu entrümpeln. Im Nachhinein denke ich mir: Hätte ich Urlaub genommen, hätte ich das Ganze deutlich flotter über die Bühne bringen können. Trotzdem kam ich schneller voran, als wenn ich nur auf meine eigene Art und Weise aufgeräumt hätte. Darüber bin ich sehr glücklich.

Schnell über die Bühne bringen

Typ «In kurzer Zeit und konzentriert»

Frau Y., eine Hausfrau in den Vierzigern mit anstehendem Wohnortwechsel, war in zwei Wochen fertig.

Ich wohne mit meiner dreiköpfigen Familie in einer Dreizimmerwohnung. Als meinem Mann mitgeteilt wurde, dass er in einem Monat an einen anderen Firmenstandort versetzt wird, nahm ich das zum Anlass für ein Aufräumcoaching. Insgesamt waren es vier Sitzungen in zwei Wochen. Beim ersten Mal gingen wir Kleidung und Papiere durch, beim zweiten und dritten Mal kam der Kleinkram dran, und in der letzten Sitzung habe ich Erinnerungsstücke ausgemistet. Dabei konnte ich nicht nur zu klein gewordene Kinderkleidung oder überflüssiges Geschirr, sondern auch große Mengen an Unterlagen und anderer Dinge loswerden. So konnten wir gleich noch Umzugskosten sparen!

Frau K., berufstätig und in den Dreißigern, benötigte eineinhalb Monate.

Ich lebe alleine in einer Eineinhalbzimmerwohnung. Das Aufräumen habe ich in insgesamt vier Sitzungen über einen Zeitraum von eineinhalb Monaten erledigt. Beim ersten Mal haben wir uns meine Kleidung vorgenommen, beim zweiten Mal Bücher und Papiere, beim dritten Mal den Kleinkram (außer den Dingen in der Küche) und zum Schluss Küchenutensilien und Erinnerungsstücke. Auch zwischen den Coachingstunden gelang es mir, alleine im Kleinen weiter auszumisten, und so kam ich in kurzer Zeit und in gutem Tempo voran. Das hat mir Selbstbewusstsein gegeben.

Die Vorbereitungen sind abgeschlossen!

Wenn Sie sich Ihr Traumleben ausgemalt und den Status quo Ihres Zuhauses erfasst haben, kann es jetzt mit dem Ausmisten und Entrümpeln losgehen. Notieren Sie sich hier, was Sie beschlossen haben und wie Sie sich fühlen, damit Sie zwischendurch immer wieder darauf zurückkommen können.

Werden Sie noch konkreter als beim ersten Mal.

Fassen Sie noch einmal zusammen: Welches Leben wünschen Sie sich?

Seien Sie ehrlich: Wie fühlen Sie sich gerade?

Halten Sie Ihren Tatendrang fest!

Kapitel 2

Kleidung aufräumen

Als Erstes nehmen wir uns die Kleidung vor. Da hier die Entscheidung, ob man etwas behält oder entsorgt, verhältnismäßig leichtfällt und sich die Kategorie klar definieren lässt, ist sie ideal für den Einstieg.

Machen Sie sich Notizen, während Sie all Ihre Kleidungsstücke durchgehen und dabei auswählen, welche Teile Sie behalten wollen. Auf diese Weise schärfen Sie Ihr Bewusstsein dafür, was Sie glücklich macht. Berücksichtigen Sie auch die Hinweise zu den KonMari-Falt- und Verstautechniken.

Tragen Sie hier Start- und Endzeitpunkt ein.

	Start ___________ Tag / Monat / Jahr / Uhrzeit
	Ende ___________ Tag / Monat / Jahr / Uhrzeit

Das Aufräumen von Kleidungsstücken lässt sich in vier Schritte unterteilen:
1. das Zusammensuchen sämtlicher Kleidung, die über das Haus verteilt ist,
2. die Entscheidung, welche Teile glücklich machen,
3. das Zusammenlegen und
4. das Einräumen. Auch Handtaschen und Schuhe gehören in diese Kategorie.

1 An einer Stelle sammeln

Holen Sie all Ihre Kleidung, die sich im Haus befindet, hervor und sammeln Sie sie an einer Stelle

Lassen Sie den Blick durch Ihr gesamtes Zuhause schweifen, suchen Sie sämtliche Kleidung, die Ihnen gehört, ausnahmslos zusammen und türmen Sie sie an einem Ort auf. Die meisten Menschen bekommen beim Anblick dieser Kleidermassen einen ordentlichen Schreck. Es ist wichtig, ein Gefühl dafür zu bekommen, wie viel Dinge Sie tatsächlich besitzen. Machen Sie sich dazu Notizen – und dann geht es dem Klamottenberg an den Kragen!

2 Das behalten, was glücklich macht

Nehmen Sie ein Teil nach dem anderen in die Hand und behalten Sie nur das, was in Ihnen ein Glücksgefühl auslöst

Nehmen Sie von Ihrem Klamottenberg jedes Stück einzeln in die Hand und fragen Sie sich, ob es Sie glücklich macht. Behalten Sie nichts, bloß, weil Sie es bisher kaum getragen haben oder es ja noch zur Hauskleidung umfunktionieren könnten. Wenn etwas nicht glücklich macht, kommt es weg. Bei vielen Menschen ist der Berg am Ende des Auswahlprozesses auf 1/3 oder 1/4 der ursprünglichen Größe zusammengeschmolzen.

Die richtige Reihenfolge für den Glücks-Check

Da bei Kleidung, die dem Herzen am nächsten getragen wird, das Glücksgefühl am leichtesten zu erspüren ist, hat sich die hier aufgezeigte Reihenfolge, angefangen bei den Oberteilen, bewährt. Falls Sie zu viele Kleidungsstücke besitzen oder Ihnen die Zeit fehlt, alles in einem Rutsch zu erledigen, können Sie sich auch eine Kategorie nach der anderen vornehmen.

…an Rückfälle …rmeidet

In Ihrem Schrank wird sich nur noch Kleidung befinden, die Sie glücklich macht!

3 Zusammenlegen

Alles zusammenlegen, was sich zusammenlegen lässt

Es gibt zwei Möglichkeiten, Kleidung aufzubewahren: zusammengefaltet oder auf einem Bügel hängend. Ich empfehle Ihnen dringend, die Kleidung zusammenzulegen, da sie sich so deutlich besser verstauen lässt. Zudem geben wir der Kleidung durch unsere Berührung Energie. Bis auf einige Stücke, die hängend weniger Platz beanspruchen, sollten wir also so viel wie möglich zusammenlegen.

4 Einräumen

Erst Kleidung auf Bügeln aufhängen, dann gefaltete Dinge einräumen

Beim Einräumen beginnen wir mit den Teilen, die auf Bügeln aufgehängt werden. Die Kleidung in einer «ansteigenden Linie» (lange Teile nach links, kurze nach rechts) aufzuhängen, sorgt für ein Wohlgefühl beim Öffnen des Schranks. Falls Sie während des Aufhängens doch noch auf Teile stoßen, die sich auch zusammenlegen lassen, tun Sie das. Im Anschluss räumen Sie alle gefalteten Kleidungsstücke ein.

OBERTEILE

Bei Oberteilen wie T-Shirts, Blusen, Longsleeves oder Pullovern lässt sich vergleichsweise leicht feststellen, ob sie glücklich machen oder nicht. Notieren Sie hier, was Ihnen an Ihrer zusammengetragenen Kleidung auffällt. Behalten Sie nur die Teile, die ein Glücksgefühl in Ihnen auslösen, und legen Sie sie zusammen. Alle anderen Klamotten kommen weg, aber erst, nachdem Sie sich entsprechend bei ihnen bedankt haben.

Notieren Sie, was Ihnen auffällt, wenn Sie alles auf einmal sehen.

Zum Beispiel:
- viele schwarze Teile
- mehr kaputte oder ausgeleierte Klamotten als gedacht
- über 60 T-Shirts

Gut zu wissen für den nächsten Shopping-Trip

Nehmen Sie jedes Teil in die Hand und behalten Sie nur das, was glücklich macht

Wenn es Ihnen schwerfällt, das Glücksgefühl zu erspüren, beginnen Sie am besten mit Oberteilen, die gerade aufgrund der Jahreszeit nicht in Gebrauch sind. Sollten Sie einmal nicht weiterwissen, gehen Sie die folgende Checkliste durch.

Glücks-Checkliste für schwierige Fälle

- ☐ Wann habe ich das zuletzt getragen?
- ☐ Möchte ich das Teil in der nächsten Saison wiedersehen?
- ☐ Soll es ein wertvoller Bestandteil meiner Garderobe sein?
- ☐ Fühle ich mich darin wohl?

Wenn etwas nicht glücklich macht, bedanken Sie sich und trennen Sie sich davon

Wie viel war's?

Zum Beispiel: zwei Müllsäcke, 30 Teile
Grobe Angaben reichen!

Zusammenzulegende Kleidung wird so gefaltet, dass man sie «stehend» einräumen kann

Alle Kleidungsstücke, die zusammengelegt werden sollen, werden zunächst in eine schmale, längliche Form gebracht. Im Anschluss faltet man sie zu einem kleinen selbstständig stehenden Rechteck zusammen. Richtig zusammengelegte Kleidung kann immer alleine stehen. Eventuell müssen Sie die grundlegende Falttechnik ab und zu ein wenig abwandeln, damit das Kleidungsstück steht, aber Sie werden den Dreh schnell raushaben.

Die Grundlagen des Zusammenlegens

1 Das Oberteil ausbreiten, die Vorderseite zeigt nach oben. Ein Drittel nach innen einschlagen.

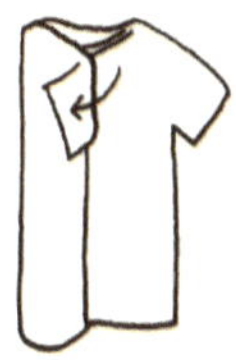

2 Den Ärmel am Ende des Drittels zurückfalten.

3 Die andere Seite genauso falten, sodass ein längliches Rechteck vorliegt.

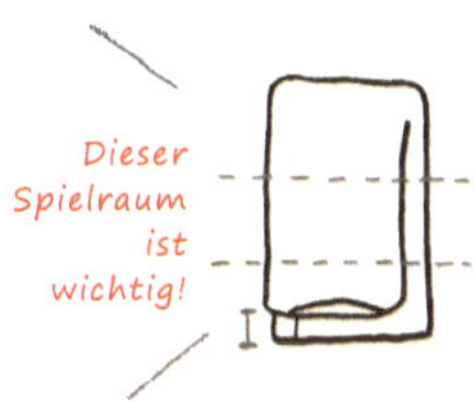

4 Das Kleidungsstück vom Kragen zum Saum in der Hälfte falten. Für ein perfektes Ergebnis ein wenig Platz vor dem Saum lassen.

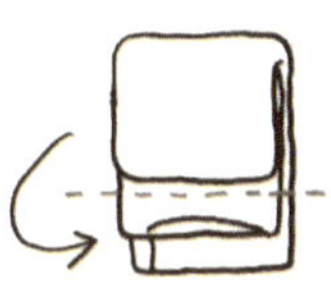

5 Vom Falz aus zwei- oder dreimal umschlagen, bis ein kompaktes Rechteck entstanden ist.

6 Wenn das gefaltete Kleidungsstück von alleine stehen kann, sind Sie fertig. Falls es nicht steht, probieren Sie eine andere Breite aus oder falten Sie es häufiger bzw. weniger.

Etwas Langärmliges zusammenlegen

1 Wie bei den Grundlagen zunächst ein Drittel nach innen einschlagen.

2 Den Ärmel am Ende des Drittels zurückfalten.

3 Den Ärmel entlang des Rumpfes nach unten falten.

4 Mit der anderen Seite genauso verfahren, sodass ein längliches Rechteck entsteht.

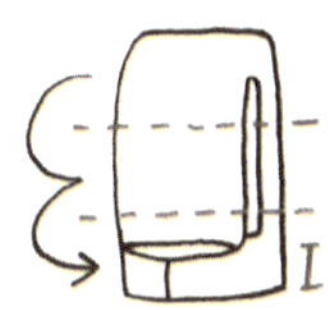

5 Das Kleidungsstück vom Kragen zum Saum hin leicht versetzt in der Mitte falten und anschließend zwei- oder dreimal umschlagen.

6 Nun ist ein kleines, kompaktes Rechteck entstanden, das von alleine steht. Bei sehr glatten Materialien ist es auch in Ordnung, wenn es nicht von alleine stehen kann.

UNTERTEILE UND KLEIDER

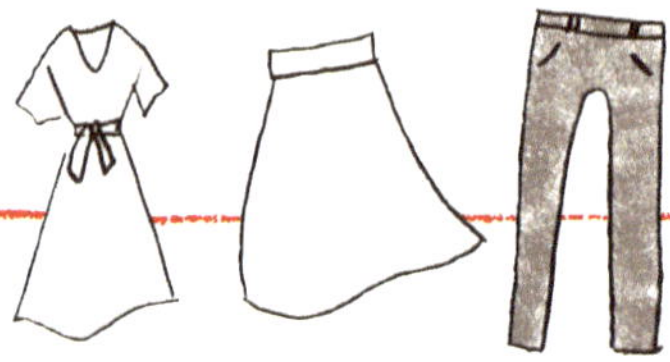

Notieren Sie, was Ihnen auffällt, wenn Sie alles auf einmal sehen

Zum Beispiel:

- Insgesamt 15 Jeans!
- Habe Hosen gefunden, die mir nicht mehr passen.
- Viele Röcke in ähnlichem Design.

Passt diese Kleidung noch zu Ihrer Figur oder der aktuellen Mode?

Als Nächstes nehmen wir uns in unserem Glücks-Check alle Unterteile sowie Kleider vor. Sortieren Sie nach Unterkategorien – Röcke, Hosen, Jeans etc. –, um zügig voranzukommen.

Falls hier Kleidungsstücke auftauchen, die Sie tragen möchten, «wenn Sie mal abgenommen haben», stellen Sie sich vor, wie Sie voll Vorfreude auf diesen Tag hinarbeiten. Macht Sie der Gedanke daran glücklich? Dann behalten Sie das Teil. Falls Sie aber nur aus sentimentalen Gründen nicht loslassen können, entsorgen Sie es umgehend.

Nehmen Sie jedes Kleidungsstück in die Hand und behalten Sie nur das, was glücklich macht

Beginnen Sie mit der Kategorie, bei der Ihnen ein Urteil am leichtesten fällt. Wenn Sie beispielsweise am liebsten Hosen tragen, fangen Sie mit den Röcken an. Unterteile sollen den Unterkörper stützen. Daher behalten Sie wirklich nur die, die Sie glücklich machen.

Schluss mit «Das ist zu schade zum Wegwerfen, dann trage ich es als Hauskleidung»!

Viele Menschen bewahren aussortierte Kleidung auf, um sie als Hauskleidung zu tragen – und tun das dann letztlich doch nie. Auf diese Weise zögert man das Entsorgen von Kleidungsstücken nur unnötig hinaus. Stellen Sie sich lieber eine Hausgarderobe zusammen, die wirklich Glücksgefühle in Ihnen auslöst.

Wenn etwas nicht glücklich macht, bedanken Sie sich und trennen Sie sich davon

Wie viel war's?

Zum Beispiel: zwei Müllsäcke, 30 Teile
Grobe Angaben reichen!

Zusammenzulegende Kleidung wird so gefaltet, dass man sie «stehend» einräumen kann

Auch Hosen und Röcke werden zunächst in eine schmale, längliche Form gebracht. Kleidung aus Materialien wie Baumwolle und Wolle können grundsätzlich zusammengelegt werden. Hosen mit Bügelfalte sowie Röcke und Kleider, die leicht faltig werden, sollten Sie lieber aufhängen.

Hosen zusammenlegen

1 Ein Bein auf das andere legen und die Hose so längs halbieren. Die hervorstehende Ecke nach innen einfalten.

2 Vom Saum hoch zum Bund in der Hälfte falten. Achten Sie für ein ordentliches Ergebnis darauf, dass die Gürtelschlaufen nicht überlagert werden.

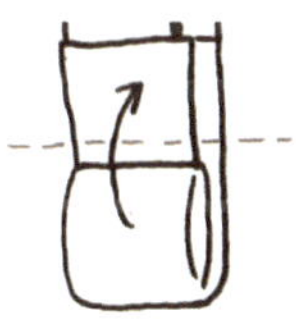

3 Das verbleibende Rechteck dritteln und zweimal nach oben einfalten.

4 Am Ende ist ein kleines Paket entstanden, das von alleine stehen kann. Den vorherigen Schritt der Länge der Hose anpassen.

Röcke zusammenlegen

1 Mit der Vorderseite nach oben ausbreiten und ein Drittel einschlagen.

2 An der Faltlinie des nächsten Drittels überstehenden Stoff zurückfalten.

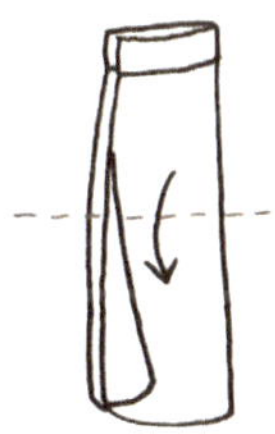

3 Die andere Seite auf die gleiche Weise falten, bis ein längliches Rechteck entsteht. Mit ein wenig Platz vor dem Saum von der Bundseite her in die Mitte falten.

4 Weitere zwei bis drei Mal einschlagen, bis ein kleines, rechteckiges Paket entstanden ist, das von alleine stehen kann.

Kleider zusammenlegen

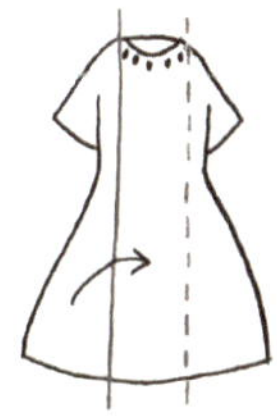

1 Mit der Vorderseite nach oben ausbreiten und ein Drittel einschlagen.

2 An der imaginären Linie des nächsten Drittels überstehenden Stoff zurückfalten. Bei weit ausgestellten Röcken einfach alles, was immer noch übersteht, erneut zurückfalten.

3 Die andere Seite auf die gleiche Weise falten, bis ein längliches Rechteck entsteht.

4 Mit ein wenig Platz vor dem Saum in der Mitte umschlagen und dann weitere zwei oder drei Mal einfalten.

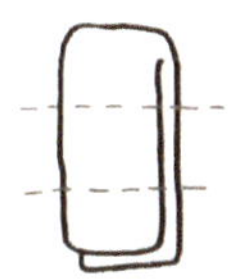

5 Jetzt sollte ein kleines, rechteckiges Paket entstanden sein, das von selbst stehen kann.

JACKEN, MÄNTEL UND ANZÜGE

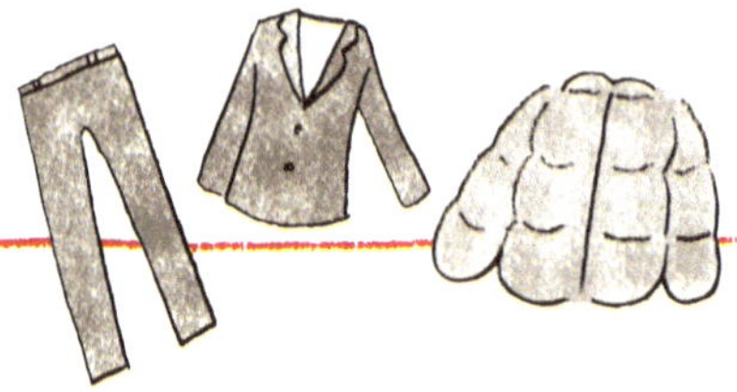

Kleidungsstücke, die sich schlecht zusammenlegen lassen, so wie Jacken, Mäntel und Anzüge, werden in der Regel aufgehängt. Nachdem Sie entschieden haben, welche Teile Sie glücklich machen, hängen Sie diese auf Bügel im Schrank. Dinge, die sich falten lassen und jahreszeitenbedingt gerade nicht zum Einsatz kommen – beispielsweise Strickmäntel oder Daunenjacken –, können auch zusammengelegt eingeräumt werden.

Notieren Sie, was Ihnen auffällt, wenn Sie alles auf einmal sehen

Zum Beispiel:

- Der Mantel hat ein Loch.
- Mehrere Anzüge in unmodernen Schnitten.
- Drei Jacken, die ich schon mehrere Jahre nicht mehr getragen habe.

Bewahren Sie einen Mantel vielleicht nur noch auf, weil er teuer war?

Nehmen Sie jedes Teil in die Hand und behalten Sie nur das, was glücklich macht

Es kann schwerfallen, sich von einem Mantel oder Anzug zu trennen, der viel Geld gekostet hat. In solchen Momenten ziehen Sie das gute Stück einfach mal an und betrachten Sie sich im Spiegel. Angezogen sieht man Unterschiede klarer und kommt leichter zu einer Entscheidung.

Wenn etwas nicht glücklich macht, bedanken Sie sich und trennen Sie sich davon

Wie viel war's?

Zum Beispiel: zwei Müllsäcke, 30 Teile
Grobe Angaben reichen!

Alles, was nicht zusammengelegt werden möchte, kommt in die Kategorie «Aufzuhängen»

Kleidung, die bisher immer auf Bügeln hing, kann grundsätzlich mitsamt den Bügeln beiseitegelegt und später wieder genau so aufgehängt werden. Sollten Sie allerdings bisher den Großteil Ihrer Kleidung auf Bügeln aufbewahrt haben, überprüfen Sie genau, welche Kleidungsstücke den Eindruck machen, als würden sie nicht gefaltet werden wollen. Sortieren Sie nur diese aus und legen Sie alles andere zusammen.

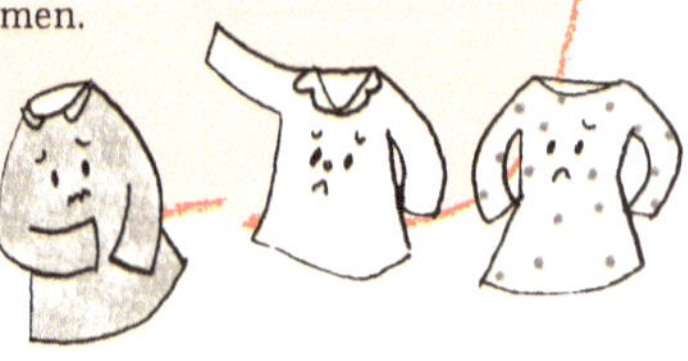

Kleidung, die zusammengelegt werden kann, locker falten

Da Strickmäntel oder Daunenjacken aus dicken oder mit viel Luft gefüllten Stoffen bestehen, werden sie ganz locker zusammengelegt. Falls sie aufgrund ihres Volumens zu viel Platz einnehmen, stecken Sie sie in einen Beutel und verstauen Sie sie so, dass die Luft hinausgedrückt wird.

Einen Strickmantel zusammenlegen

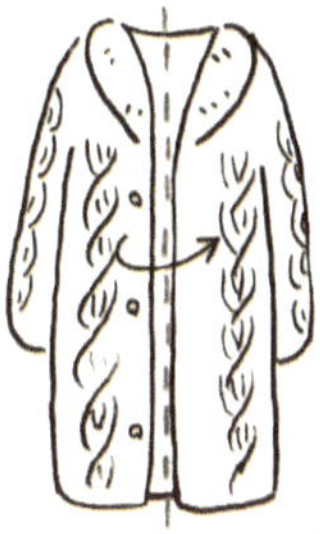

1 Mit der Vorderseite nach oben ausbreiten und längs in der Mitte falten.

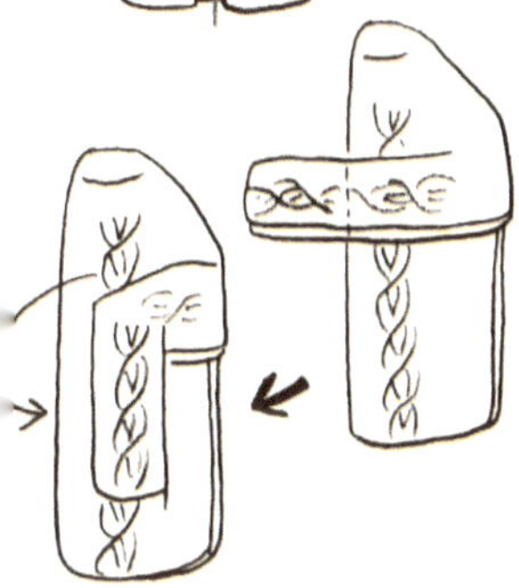

2 Die Ärmel übereinanderlegen und zur Seite falten. Anschließend nach unten umknicken, sodass sie nach unten zeigen und ein längliches Rechteck entsteht.

3 Je nach Länge des Mantels zwei- oder dreimal nach vorne umschlagen.

4 Es ist ein kompaktes Rechteck entstanden. Da dieses «Paket» viel Luft enthält, muss es nicht zwingend von alleine stehen.

Einen Daunenmantel zusammenlegen

1 Mit der Vorderseite nach oben ausbreiten und längs in der Mitte falten. Legen Sie dann die Ärmel übereinander und falten Sie sie nach vorne, sodass ein längliches Rechteck entsteht.

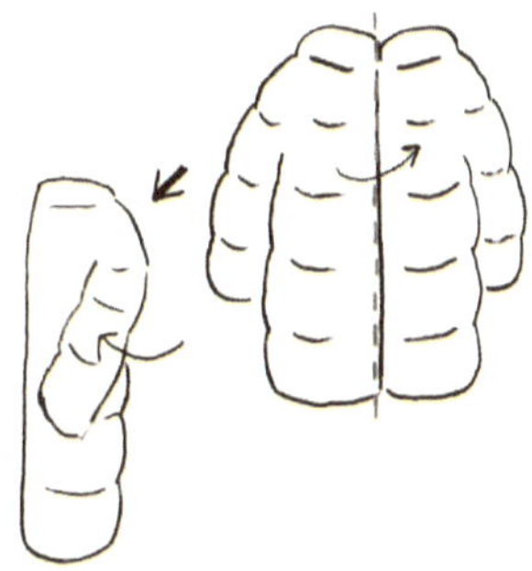

2 Je nach Länge des Mantels entweder zwei- oder nur einmal nach vorne umschlagen. Der Mantel kann nun so in der Schublade verstaut werden.

3 Wenn Sie den Mantel noch etwas kompakter machen möchten, suchen Sie sich einen kleineren Baumwoll- oder Jutebeutel und drücken Sie beim Hineinstecken die Luft heraus.

4 Verstauen Sie den Beutel auf der Seite liegend. Wenn Sie keinen Beutel parat haben, können Sie den Mantel zum Beispiel auch in ein Tuch einschlagen.

STRUMPFWAREN

Wenn Sie viele Teile dieser Kategorie besitzen, können Sie diese auch erst in Unterkategorien wie Socken, Strümpfe, Strumpfhosen oder Leggings vorsortieren. Vergessen Sie dabei auch eventuelle Vorräte nicht, wie originalverpackte Feinstrumpfhosen. Wenn Sie entschieden haben, was Sie behalten möchten, geht es ans sorgfältige Zusammenlegen. Keine Sockenbälle und kein Zusammenknoten mehr! Gönnen Sie den Strümpfen, die Sie gerade nicht tragen, eine Pause und geben Sie ihnen die Möglichkeit zu entspannen.

Notieren Sie, was Ihnen auffällt, wenn Sie alles auf einmal sehen

Zum Beispiel:

- Große Vorräte an Feinstrumpfhosen.
- Einige einzelne Socken.

Nehmen Sie jedes Teil in die Hand und behalten Sie nur das, was glücklich macht

Falls Sie keinen besonderen Bezug zu Ihren Strümpfen haben, geben Sie denjenigen den Vorzug, die ein positives Gefühl in Ihnen auslösen, zum Beispiel «Versetzt mich in einen Arbeitsmodus» oder «angenehme, feste Passform».

Socken, die einen Nutzen in Ihrem Leben haben, machen auch glücklich

Hautfarbene Feinstrumpfhosen, Kniestrümpfe fürs Büro oder die Schule: Auf den ersten Blick sorgen solche Dinge nicht gerade für Herzklopfen. Doch was Ihnen aktuell im Leben nützt, kann durchaus als «glückbringend» bezeichnet werden. Behalten Sie nur die Teile, die in gutem Zustand sind.

Wenn etwas nicht glücklich macht, bedanken Sie sich und trennen Sie sich davon

Wie viel war's?

Zum Beispiel: ein 20-l-Müllbeutel voll, 20 Paar Socken

Zusammenzulegende Kleidung wird so gefaltet, dass man sie «stehend» einräumen kann

Socken und Strümpfe zusammenlegen

Kurze Socken
Füßlinge und Sneakersocken aufeinanderlegen und in der Mitte falten.

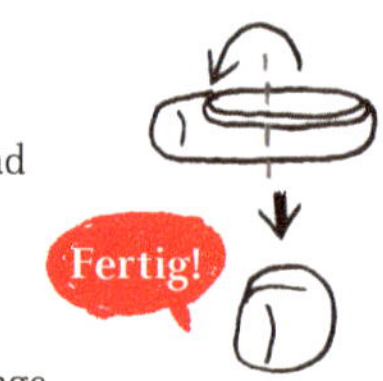

Normale Strümpfe
Strümpfe in normaler Länge aufeinanderlegen und in der Mitte falten, sodass ein längliches Rechteck entsteht. Im Anschluss je nach Länge zwei- oder dreimal umschlagen, bis ein kompaktes Rechteck entstanden ist.

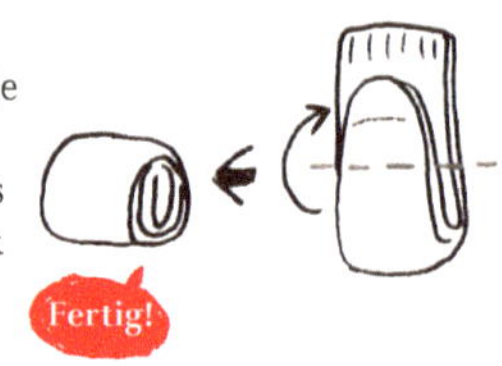

Strumpfhosen zusammenlegen

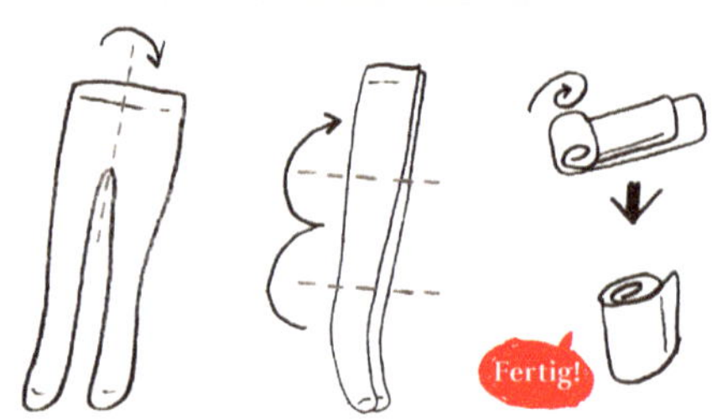

1 Der Länge nach einklappen, dass die Vorderseiten aufeinanderliegen.

2 Von den Zehenspitzen in Dritteln nach oben hin falten.

3 Vom Knick her nach oben hin einrollen, bis eine Zylinderform entstanden ist.

UNTERWÄSCHE

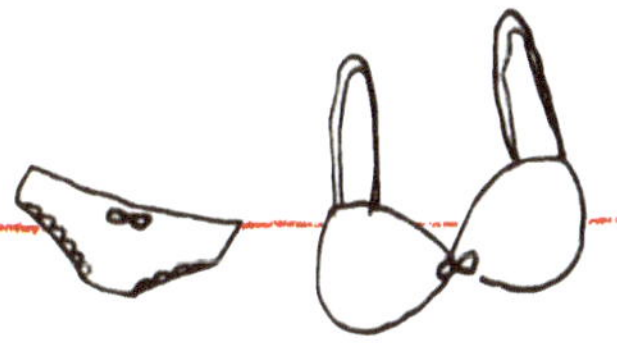

In diese Kategorie fallen nicht nur Büstenhalter und Slips, sondern auch Unterhemden mit integriertem BH, Shapewear, Unterröcke und Unterwäsche für den Winter, wie zum Beispiel Nierenwärmer. Den BHs sollte besonders viel Respekt entgegengebracht werden, daher nenne ich sie auch lieber «Büstenhalter» und lasse ihnen eine VIP-Behandlung zukommen. Bewahren Sie nur die Teile auf, die Sie zum Strahlen bringen. Auch beim Zusammenlegen steht das Glücksgefühl an erster Stelle.

Notieren Sie, was Ihnen auffällt, wenn Sie alles auf einmal sehen

Zum Beispiel:

- Viel abgetragene Unterwäsche.
- Schon seit über einem Jahr keine neuen BHs mehr gekauft.

....

....

Nehmen Sie jedes Teil in die Hand und behalten Sie nur das, was glücklich macht

Sie tragen Ihre Unterwäsche direkt am Körper, also machen Sie hier keine Kompromisse. Stellen Sie sich als Entscheidungshilfe die Frage: «Gibt mir dieses Teil Selbstbewusstsein?»

Auch praktische Unterwäsche kann für Glücksgefühle sorgen

Praktische Kleidung, wie Thermo-Unterwäsche für den Winter, kann auf subtile Weise glücklich machen, zum Beispiel weil sie schön wärmt oder man sich beim Tragen geborgen fühlt. Nehmen Sie das als Grundlage für Ihre Entscheidung.

Wenn etwas nicht glücklich macht, bedanken Sie sich und trennen Sie sich davon

Wie viel war's?

Zum Beispiel: ein BH, drei Unterhosen

Die verbliebenen Teile sorgfältig zusammenlegen

Büstenhalter zusammenlegen

VIP-Behandlung

1 Auf die Rückseite drehen und Träger sowie Verschluss in die Körbchen legen.

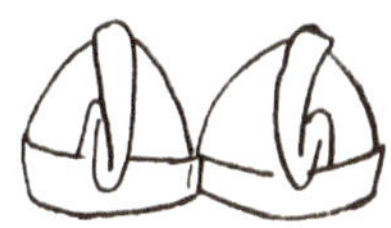

2 Nach vorne drehen und überprüfen, ob die Körbchen in Form sind.

Fertig!

Slips zusammenlegen

1 Mit der Rückseite nach oben ausbreiten und den Schritt nach oben einklappen.

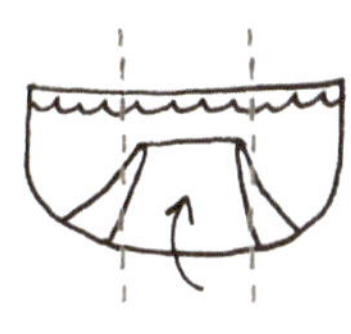

2 Beide Seiten über dem Schritt einschlagen und von unten nach oben aufrollen.

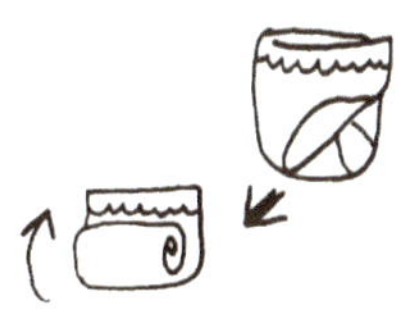

3 Es ist ein kompaktes Rechteck entstanden, bei dem man die Verzierung am oberen Rand sehen kann.

Fertig!

HANDTASCHEN

Notieren Sie, was Ihnen auffällt, wenn Sie alles auf einmal sehen

Zum Beispiel:

- Über zehn Werbe-Stoffbeutel.
- Lederhandtasche, die ganz hinten im Schrank lag, ist verschimmelt.

Wie sieht's mit einem Generationenwechsel aus?

....

....

....

....

Nehmen Sie jedes Teil in die Hand und behalten Sie nur das, was glücklich macht

Handtaschen, vor denen Sie zwar immer wieder grübelnd stehen, sie aber letztlich doch nicht benutzen, haben ihre Schuldigkeit getan. Wenn Sie sie in die Hand nehmen und einem Glücks-Check unterziehen, wird Ihnen das auch klar werden.

Wenn etwas nicht glücklich macht, bedanken Sie sich und trennen Sie sich davon

Wie viel war's?

Zum Beispiel: fünf Einkaufsbeutel, ein Rucksack

Behalten Sie bei Einkaufsbeuteln und Tragetaschen immer die Menge im Blick

Hübsche Papiertragetaschen und Baumwollbeutel sammeln sich schnell an. Überlegen Sie sich genau, wie viele davon Sie wirklich benutzen. Bei Papiertragetaschen kann es auch helfen, sie in einem Zeitschriftensammler aufzubewahren, um einer unkontrollierten Vermehrung vorzubeugen.

Bringen Sie es auch nicht übers Herz, alte Handtaschen zu entsorgen? Erstaunlich viele Menschen sind der Meinung, dass man Handtaschen nicht wegwirft. Doch wenn man hier nicht bewusst einen Generationenwechsel vollzieht, gehen die Lieblingsstücke irgendwann unter.

Wenn Sie entschieden haben, welche Taschen Sie behalten wollen, bringen Sie sie so kompakt wie möglich zusammen, indem Sie sie falten oder ineinanderstecken. Auch Einkaufsbeutel oder Tragetaschen aus Geschäften fallen in diese Kategorie.

Die verbliebenen Teile sorgfältig zusammenlegen bzw. ineinanderstecken

Einkaufsbeutel zusammenlegen

1 Den Beutel ausbreiten und die Henkel übereinanderlegen und nach vorne umklappen. Der Länge nach in der Mitte falten. Breitere Taschen dritteln.

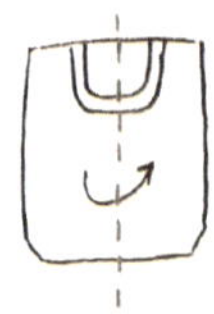

2 Von oben nach unten in der Mitte umklappen und noch einmal in der Mitte falten.

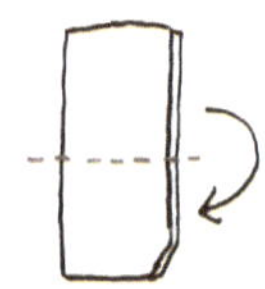

3 Das entstandene kompakte Rechteck sollte nun von selbst stehen. Falls der Stoff sehr weich oder dünn ist, ist es auch in Ordnung, wenn es nicht steht.

Die «Tasche-in-Tasche»-Methode

Leeren Sie die Taschen komplett aus und fassen Sie diejenigen zu einer Gruppe zusammen, die sich von Material, Größe und Verwendungshäufigkeit am ähnlichsten sind. Sie sollten in eine Tasche allerdings maximal zwei weitere Taschen stecken.

ACCESSOIRES

In dieser Kategorie befinden sich alle Kleinteile, die im weitesten Sinne mit Kleidung zu tun haben, zum Beispiel Schals, Halstücher, Gürtel, Handschuhe, Mützen und Hüte. Diese Dinge sind häufig über alle Zimmer hinweg verstreut. Versammeln Sie erst alle an einem Ort und wählen Sie dann aus, was Sie behalten wollen. Wenn Sie damit fertig sind, legen Sie alles zusammen, was sich zusammenlegen lässt, rollen Sie Gürtel platzsparend auf oder hängen Sie sie auf.

Notieren Sie, was Ihnen auffällt, wenn Sie alles auf einmal sehen

Zum Beispiel:
- Viele Tücher, die durch das Stapeln verknittert waren.
- Nur schwarze Gürtel, davon aber gleich fünf Stück.

....

....

....

....

Nehmen Sie jedes Teil in die Hand und behalten Sie nur das, was glücklich macht

Fangen Sie mit den Dingen an, die so weit hinten im Schrank lagen, dass Sie sie schon ganz vergessen hatten. So kommen Sie zügig voran.

Wenn etwas nicht glücklich macht, bedanken Sie sich und trennen Sie sich davon

Wie viel war's?

Zum Beispiel: ein Müllbeutel voll, zehn Teile

«Das kann ich vielleicht noch für irgendwas gebrauchen» ist kein Glücksgefühl!

Kleinkram wie den Kunstfellkragen eines Mantels oder eine Zierschleife, die zu einem Rock gehört, bitte nicht einfach «vorsichtshalber» aufbewahren. Wenn etwas davon Sie glücklich macht, überlegen Sie sich eine Nutzungsmöglichkeit. Falls sich kein Glücksgefühl einstellt: weg damit.

Die ausgewählten Dinge werden gefaltet und aufgerollt

Dünne Schals zusammenlegen

1 Den Schal ausbreiten und der Länge nach falten. Breitere Exemplare dritteln.

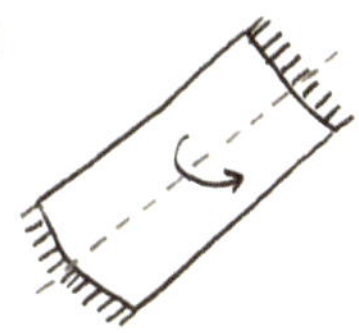

2 In der Mitte falten und falls der Schal Fransen hat, diese nach vorne klappen. Dann zwei- oder dreimal nach vorne falten, bis ein kompaktes Rechteck entstanden ist.

Gürtel zusammenrollen

Gürtel werden von der Spitze in Richtung Gürtelschnalle aufgerollt.

Können auch hängend aufbewahrt werden!

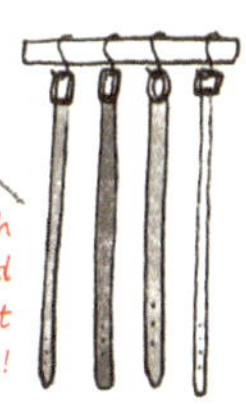

Falls Sie genug Platz im Schrank haben, können Sie auch Haken oder spezielle Gürtelhalter verwenden, um die Gürtel hängend zu verstauen. Entscheiden Sie sich für die Variante, die für Sie im Alltag am praktikabelsten ist.

KLEIDUNG FÜR BESONDERE ANLÄSSE

Badeanzüge, Skibekleidung, das Weihnachtsmannkostüm, Bühnenkleidung oder bei uns in Japan der Kimono – selbst wenn Sie solche besonderen Kleidungsstücke maximal einmal im Jahr tragen, können Sie sie selbstverständlich behalten, solange sie glücklich machen. Wer regelmäßig der Teezeremonie nachgeht und viele Kimonos hat oder großer Karneval-Fan ist und unzählige Kostüme sein Eigen nennt, kann diese auch für den Abschnitt «Hobby» (Seite 111) beiseitelegen.

Notieren Sie, was Ihnen auffällt, wenn Sie alles auf einmal sehen

Zum Beispiel:

- Mein Halloween-Kostüm/mein Kimono von diesem Jahr werde ich wohl nächstes Jahr nicht wieder tragen.
- Das Kleid, das ich vor drei Jahren selbst genäht habe, macht mich doch glücklich!

....

....

....

Nehmen Sie jedes Teil in die Hand und behalten Sie nur das, was glücklich macht

Auch Kleidungsstücke wie Bikinis und Badeanzüge unterliegen einer Mode. Fragen Sie sich bei jedem Teil, ob Sie es in der nächsten Saison wirklich noch tragen möchten.

Alte Kostüme zur Hauskleidung umfunktionieren

In Kostümen, Tanz-Outfits etc. kann man vielleicht nicht im Alltag auf die Straße gehen, aber falls Sie ein solches Kleidungsstück glücklich macht, tragen Sie es doch einfach zu Hause! Sie dürfen sich zu Hause ganz Ihrem Glücksgefühl hingeben. Und wenn Sie Ihre Meinung doch ändern, können Sie es ja immer noch entsorgen.

Wenn etwas nicht glücklich macht, bedanken Sie sich und trennen Sie sich davon

Wie viel war's?

Zum Beispiel: zwei Badeanzüge, fünf Abendkleider

Was sich zusammengelegt verstauen lässt, wird zusammengelegt

Egal, ob Skikleidung, Bikini, Halloween-Kostüm oder Tanzkleid, falten Sie alles so, dass es am Ende zu einem kompakten, stehenden Quader wird. Nur Kimonos haben eine besondere Falttechnik und werden flach aufbewahrt.

Verstauen Sie alles gemeinsam unter dem Sammelbegriff «Für besondere Anlässe»

Bewahren Sie alle Kleidungsstücke aus dieser Kategorie gemeinsam in einer großen Box auf, ohne mit weiteren Unterkategorien zu arbeiten. So werden Sie auch keine Schwierigkeiten haben, etwas wiederzufinden. Kleidung für bestimmte Anlässe wie Halloween können Sie auch in die entsprechende Deko-Kiste einsortieren (Seite 119).

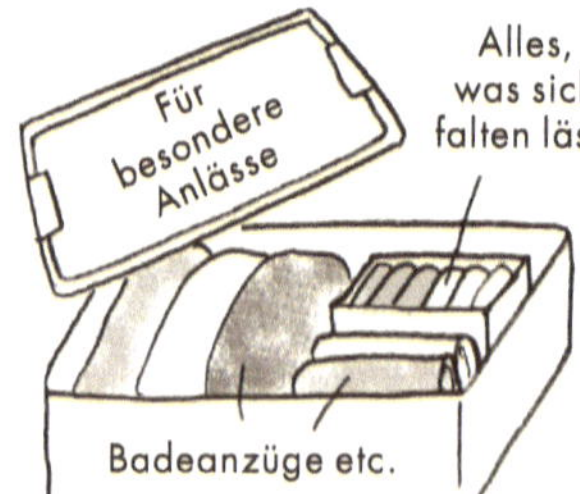

SCHUHE

Zum Abschluss der Kategorie Kleidung knöpfen wir uns die Schuhe vor. Da diese meist ziemlich viel Platz beanspruchen, holen wir sie erst dann hervor, nachdem wir die andere Kleidung wieder verstaut haben.

Schuhe auszumisten hat den erfreulichen Nebeneffekt, dass auch der Eingangsbereich, in dem der Schuhschrank steht, gleich mit aufgeräumt wird. Der Flur ist das Gesicht des Hauses, daher fühlt sich die gesamte Atmosphäre leichter an, wenn hier alles ordentlich ist und freie Sicht herrscht.

Versammeln Sie alle Schuhe aus dem gesamten Haus an einem Ort

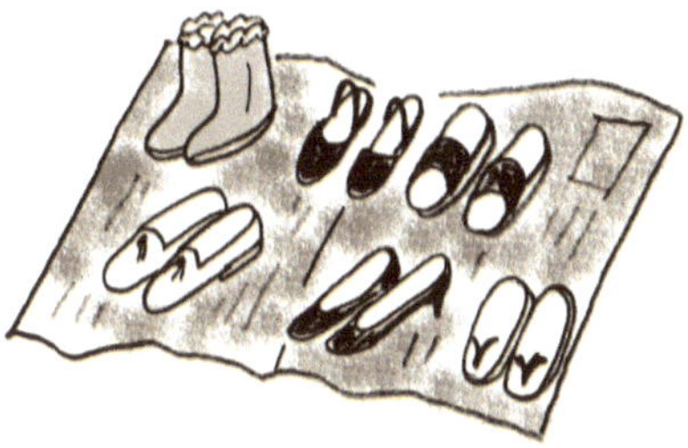

Breiten Sie Zeitungspapier auf dem Fußboden aus und suchen Sie restlos alle Schuhe zusammen, die Sie finden können – nicht nur im Eingangsbereich, sondern auch in Schränken oder Sporttaschen. Sortieren Sie sie nach Kategorien wie Pumps, Sneaker oder Stiefel, um einen besseren Überblick zu bekommen und leichter eine Entscheidung treffen zu können. Unterziehen Sie auch Ihre Hausschuhe einem Glücks-Check.

Notieren Sie, was Ihnen auffällt, wenn Sie alles auf einmal sehen

Zum Beispiel:
- Ich trage immer nur dieselben Pumps.
- Einige Sneaker müssten mal sauber gemacht werden.

....

....

....

Hat sich irgendwo Schimmel gebildet?

Nehmen Sie jedes Teil in die Hand und behalten Sie nur das, was glücklich macht

Die Schuhe, die Sie glücklich machen, werden Sie an wunderbare Orte mitnehmen. Welche Schuhe möchten Sie bei dem Gedanken noch behalten?

Entsorgen Sie alle Schuhe, die Ihnen gefallen, aber Schmerzen verursachen

Das Design kann noch so schön sein: Schuhe, die beim Tragen wehtun, zieht man in der Regel ohnehin nicht an. Solange die Schuhe Ihnen nicht dermaßen am Herzen liegen, dass Sie sie zum Deko-Objekt umfunktionieren würden, sollten Sie sich daher schleunigst davon trennen.

Wenn etwas nicht glücklich macht, bedanken Sie sich und trennen Sie sich davon

Wie viel war's?

Zum Beispiel: ein Paar Pumps, drei Paar Sneaker

Reinigen Sie die Schuhsohlen der Schuhe, die Sie behalten haben

Normalerweise schenkt man den Sohlen seiner Schuhe keine Beachtung. Doch diese tragen sich im wahrsten Sinne des Wortes («Sohle» kommt aus dem Lateinischen und bedeutet Boden) selbst ab, um Sie zu stützen. Zollen Sie den Schuhsohlen Respekt, indem Sie sie abwischen und ihnen Ihren Dank aussprechen. Das sorgt für ein gutes Gefühl!

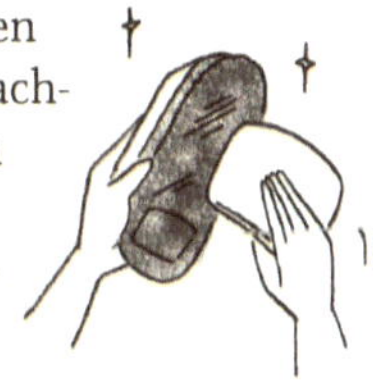

SCHRITT 1

KLEIDUNG NACH OBEN AUFSTEIGEND AUFHÄNGEN

Sammeln Sie alle Kleidung zusammen, die aufgehängt werden soll, und versehen Sie sie mit Bügeln

Beginnen Sie mit Mänteln, Anzügen und anderer Kleidung, die nicht zusammengelegt werden kann, und versehen Sie alle Teile mit Kleiderbügeln. Falls Sie keine einheitlichen Bügel besitzen, sortieren Sie sie nach Farben oder Materialien, um für einen ordentlicheren Eindruck zu sorgen und das Glücksgefühl beim Öffnen des Schranks zu steigern.

Achten Sie auf die Optik!

Sie können sich auch jetzt noch entscheiden, Kleidung doch zusammenzulegen

Falls Sie zu viele Kleidungsstücke haben, die aufgehängt werden sollen, können Sie diese noch einmal durchgehen und schauen, ob nicht doch noch Teile dabei sind, die sich zusammenlegen lassen. So schaffen Sie Platz im Schrank und sparen wertvollen Stauraum.

Alles in einem Rutsch einräumen!

Wir sind nun endlich beim letzten Schritt angekommen: der verbliebenen Kleidung einen festen Platz zuzuweisen und sie einzuräumen. Verstauen Sie alles nach Möglichkeit so, dass keine saisonalen Garderobenwechsel mehr nötig sind. So sparen Sie sich zum einen viel Zeit und Mühe, zum anderen sehen Sie immer auf einen Blick, wie viel Kleidung Sie besitzen.

Wir beginnen mit den Teilen, die hängend aufbewahrt werden. Fassen Sie immer die Kleidungsstücke einer Kategorie als Gruppe zusammen und hängen Sie sie in einer ansteigenden Linie auf.

Denken Sie beim Aufhängen an die «ansteigende Linie»

Eine nach rechts oben weisende Linie hebt automatisch die Stimmung. Daher hängen wir die Kleidung so auf, dass die Saumlänge von links nach rechts kürzer wird, sprich, zuerst die Mäntel, dann Kleider, Anzüge und Blusen ... Wenn Sie gleichzeitig auch noch beim Material Abstufungen von dick zu dünn und bei den Farben von dunkel zu hell vornehmen, werden Sie schon beim Öffnen des Schranks ein Glücksgefühl verspüren.

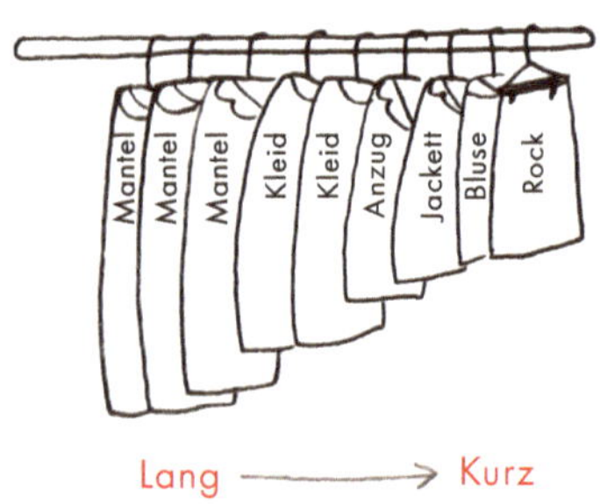

Für Hosen und Röcke können Sie auch spezielle Bügel verwenden.

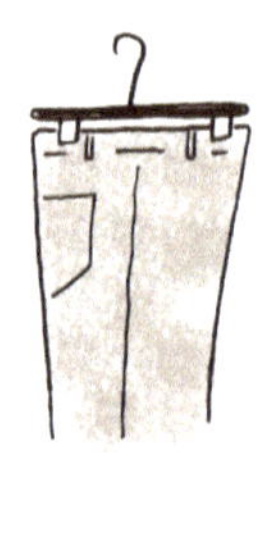

SCHRITT 2

ZUSAMMENGELEGTE KLEIDUNG FARBLICH SORTIEREN

Die zu kleinen Quadern gefaltete Kleidung wird grundsätzlich stehend in die Schubladen eingeräumt. Wir sortieren die Kleidung nicht nach Jahreszeiten, sondern nach Kategorien und darin wiederum grob nach Typ und Material.

Nehmen Sie zu guter Letzt eine farbliche Einteilung vor: Das macht nicht nur optisch einen guten Eindruck und ist übersichtlich, sondern gibt Ihnen auch ein Gefühl dafür, welche Farben in Ihrer Garderobe dominieren.

Unterteile erst nach Typ und dann nach Materialstärke sortieren

Zunächst sortieren wir grob nach Hosen, Röcken und Kleidern, dann sortieren wir die Kleidungsstücke danach, wie dick oder dünn der Stoff ist. Sie können aber auch den Fokus auf das Material legen und die Stoffe in «baumwollartig» und «wollartig» unterteilen. Zudem bietet es sich an, Jeans als gesonderte Kategorie zu betrachten.

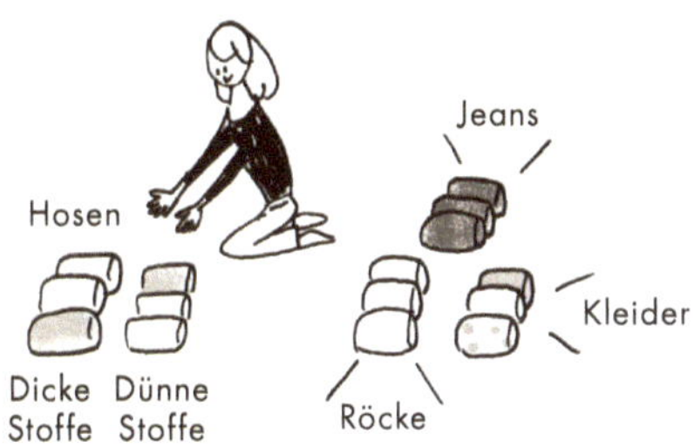

Oberteile erst nach Typ und dann nach Materialstärke sortieren

Teilen Sie Ihre Oberteile in zwei Kategorien ein: Kleidung, die man über den Kopf zieht, zum Beispiel Tanktops, T-Shirts oder Pullover, und Kleidung, die mit Reißverschlüssen oder Knöpfen geschlossen wird, zum Beispiel Blusen, Strickjacken oder Kapuzenjacken. Anschließend sortieren Sie sie danach, wie dick oder dünn der Stoff ist.

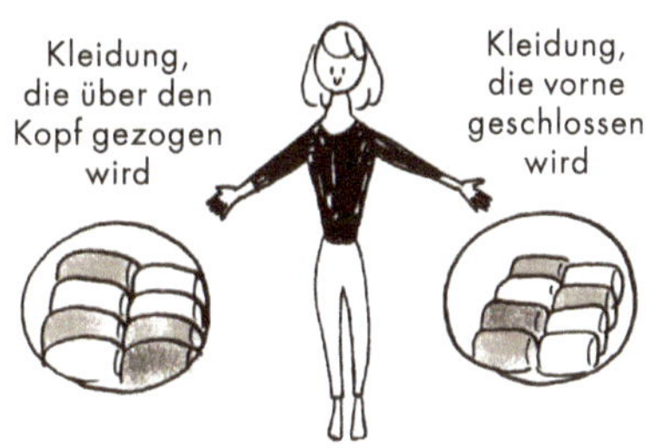

Räumen Sie die vorsortierten Unterteile farblich passend ein

Falls Sie eine einzige Schublade benutzen, unterteilen Sie diese in vertikale Reihen für die einzelnen Kleidungstypen. Innerhalb dieser Reihen nehmen Sie wiederum eine Abstufung von dicken Materialien (hinten) zu dünnen Stoffen (vorne) vor. Auch die Farben sollten von hinten nach vorne heller werden.

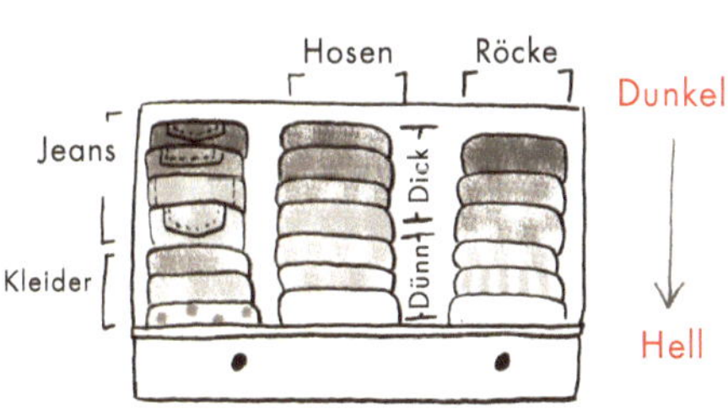

Räumen Sie die vorsortierten Oberteile in farblicher Abstufung ein

Da es bei den Oberteilen eine Vielzahl an Kategorien gibt und man meist eine große Menge davon besitzt, benötigt man oftmals mehr als nur eine Schublade, um alles zu verstauen. Falls das bei Ihnen auch der Fall ist, trennen Sie schwere und leichte Materialien voneinander, das erleichtert auch die Outfit-Auswahl. Sortieren Sie in der Schublade die Kleidung innerhalb einer Kategorie nach Farben, und zwar so, dass sich hinten die dunklen und vorne die hellen Teile befinden.

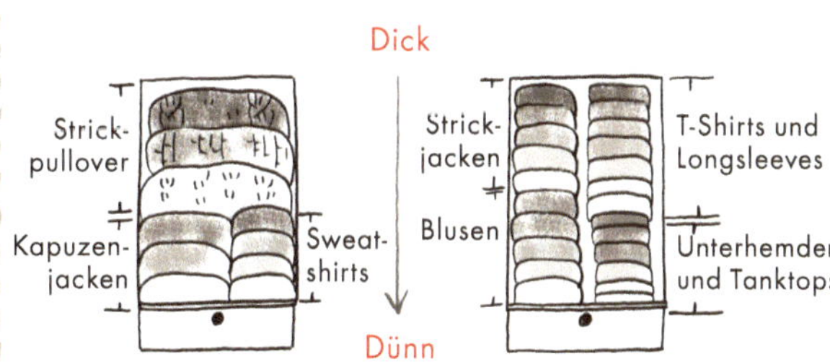

BHs bekommen eine VIP-Behandlung

Hübsche Büstenhalter, die die wunderbaren Brüste einer Frau verhüllen und für eine positive Grundstimmung sorgen, sind in meinen Augen nicht bloß ein Kleidungsstück, sondern vielmehr ein «unsichtbares Accessoire». Wir sollten sie daher weder flach drücken noch zusammenfalten. Auch bei der Farbabstufung gibt es eine Ausnahme: Anders als sonst rate ich Ihnen hier, die opulenten, intensiven dunklen Farben vorne und die hellen Farben hinten einzuräumen.

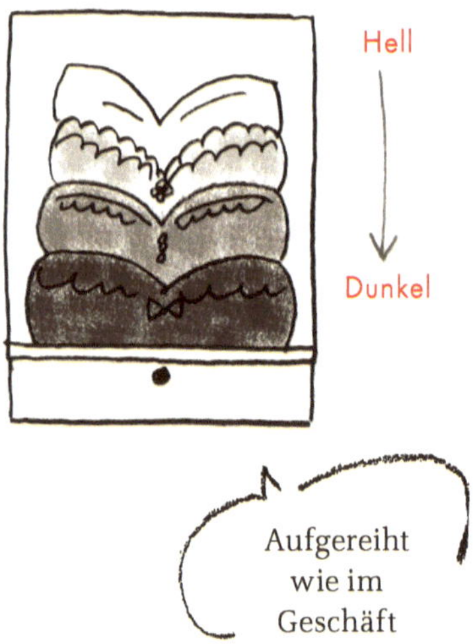

Der Bereich der BHs wird klar abgetrennt

Falls Sie in der Schublade mit den BHs auch noch andere Dinge unterbringen möchten, grenzen Sie die Bereiche klar voneinander ab, indem Sie die BHs in eine Schachtel oder Ähnliches einsortieren. Dadurch, dass Sie den Büstenhaltern einen eigenen Bereich reservieren, unterstreichen Sie ihren besonderen Status.

Nehmen Sie für Slips und Strumpfhosen kleine Schachteln zur Hand

Für Dinge aus dünnen Stoffen wie Slips oder Feinstrumpfhosen können Sie sich mit kleinen Schachteln beim Verstauen behelfen. Slips passen perfekt in leere Taschentuchboxen, für Strumpfhosen eignen sich Schuhkartons gut. Gehen Sie hier wie bei der Kleidung vor und sortieren Sie dunkle Farben nach hinten und helle nach vorne.

Unterwäsche und Strümpfe gehören nicht ins Badezimmer

Vielleicht haben Sie sich schon mal gedacht, dass es doch eigentlich praktisch wäre, Unterwäsche und Strümpfe im Badezimmer zu verstauen, da man sie dort direkt nach dem Duschen griffbereit zur Hand hat. Davon rate ich Ihnen dringend ab! Das Badezimmer ist ein öffentlicher Raum, und Unterwäsche gehört nicht an einen Ort, an dem andere Menschen ein und aus gehen, sondern zusammen mit dem Rest der Kleidung in die Privatsphäre Ihres Schranks.

Schubladen nach Gewicht einräumen

Wenn Sie Ihre Kleidung in den Schubladen verstauen, achten Sie darauf, dass Sie die unteren Schubladen mit schwerer Kleidung wie Hosen oder dicken Stricksachen füllen und die oberen mit leichten Dingen wie dünnen Oberteilen oder Accessoires. Büstenhalter bekommen selbstverständlich einen Platz im oberen Bereich. Auf diese Weise verströmen Ihre Schubladen eine Atmosphäre aufsteigender Energie.

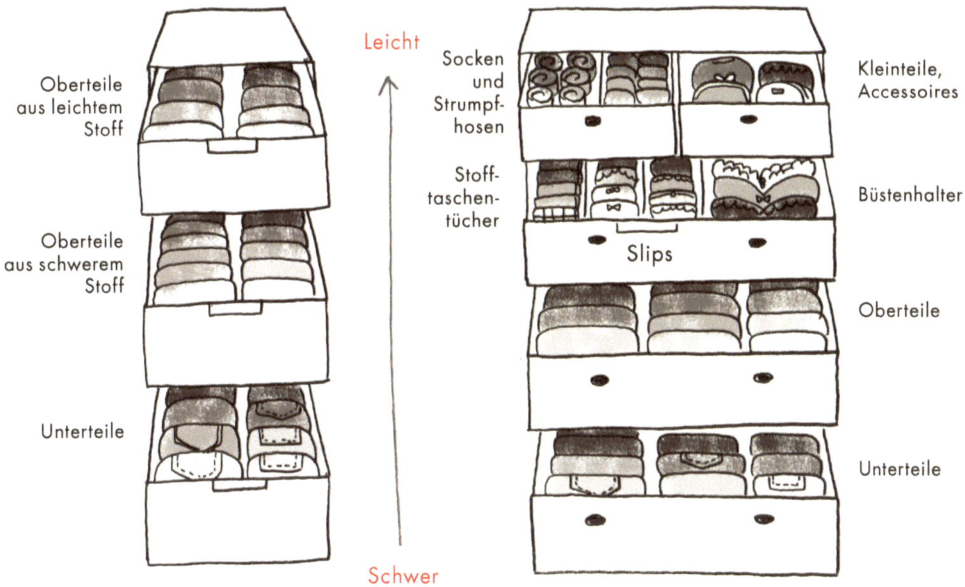

SCHRITT 3

DIE RESTLICHEN DINGE IM SCHRANK VERSTAUEN

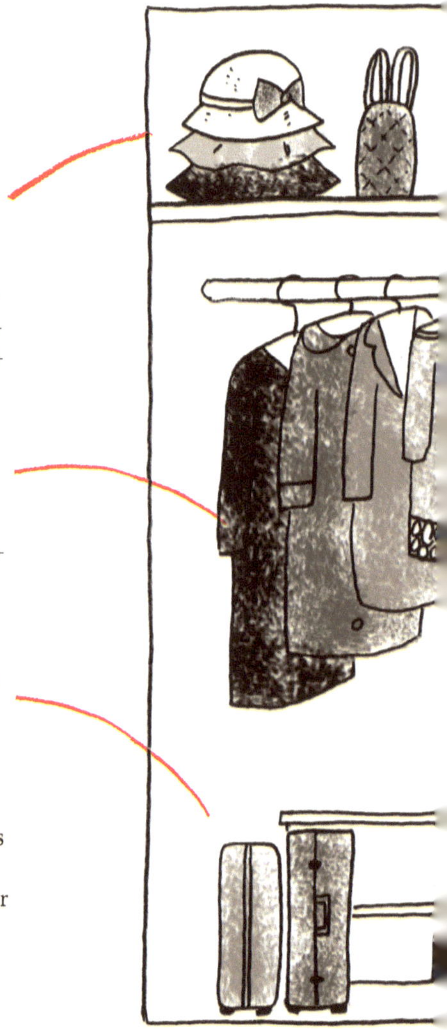

Hüte, die nicht zusammengelegt werden können, kommen locker ins obere Fach

Feste Hüte werden so ineinandergesteckt, dass sie nicht zerdrückt werden, und dann im oberen Regalfach untergebracht. Falten Sie Strickmützen und andere Kopfbedeckungen, die sich zusammenlegen lassen, ein- oder zweimal und bringen Sie sie in einem kleinen Korb unter.

Aufzuhängende Kleidung

Hängen Sie die Kleidungsstücke sorgfältig auf und achten Sie dabei darauf, dass nichts zerknittert wird und keine Säume irgendwo aufliegen. Ändern Sie gegebenenfalls das Layout Ihres Schranks, bis die Aufteilung ein Glücksgefühl in Ihnen auslöst.

Kleidung für besondere Anlässe kann in Kleiderboxen nach hinten geräumt werden

Da die Kleidungsstücke dieser Kategorie ganz bestimmten Anlässen zugeordnet werden können, besteht nicht die Gefahr, dass sie in Vergessenheit geraten. Demzufolge kann man sie unbesorgt in die hinterste Ecke des Schranks räumen, selbst wenn sie von dort nur schwer hervorzuholen sind. Bewahren Sie sie gesammelt in einer Box auf.

Bewahren Sie leere Boxen und Schubladenelemente auf, bis Sie fertig aufgeräumt haben

Kleidungsboxen und andere Ordnungshelfer, die während Ihres Aufräumfests frei geworden sind, könnten Ihnen im weiteren Verlauf noch zum Sortieren oder als temporäre Lagerorte nützen. Da man häufig noch einen Verwendungszweck dafür findet, bewahren Sie sie auf, bis Sie vollständig mit dem Aufräumen fertig sind.

Ihr Schrank sollte so geordnet sein, dass Sie sich darauf freuen, seine Türen zu öffnen. Nachdem nun schon ein Teil der Kleidung aufgehängt und ein weiterer Teil in den darunterliegenden Schubladen eingeräumt ist, kümmern wir uns nun darum, den restlichen Kleinkram sowie die Kleidung für besondere Anlässe zu verstauen. Wenn Ihnen auffällt, dass Sie einem Teil beim Einräumen keine besondere Wertschätzung entgegenbringen, können Sie es auch einem erneuten Glücks-Check unterziehen.

Handtaschen im oberen Fach aufreihen

Die durch die «Tasche-in-Tasche»-Methode zum Stehen gebrachten Handtaschen werden im obersten Regalfach nebeneinandergestellt. Ein Körbchen mit Einkaufsbeuteln kann auf dem Schubladenbereich abgestellt werden oder anderswo, wo sich ein Freiraum findet.

Handschuhe und ähnliche Kleinteile kompakt an einem Ort aufbewahren

Die Dinge, die beim Fertigmachen zuletzt drankommen, so wie Handschuhe oder Mützen, sammeln Sie am besten an einem Ort, zum Beispiel indem Sie sie stehend in einen Korb einräumen. So sind sie jederzeit griffbereit, wenn Sie aus dem Haus gehen wollen.

Bestimmen Sie einen festen Platz für die Dinge, die Sie täglich bei sich tragen

Gönnen Sie Ihrer Tasche auch mal eine Pause? Bestimmen Sie einen festen Ablageort für die Dinge, die Sie jeden Tag benötigen, so wie Ihr Kosmetiktäschchen, Ihre Geldbörse oder ein Visitenkartenetui. So können Sie Ihre Handtasche nach dem Nachhausekommen ausleeren, damit sie sich bis zum nächsten Einsatz entspannen kann.

Zusammengelegte Kleidung

Verstauen Sie die Kleidung sorgfältig in den Schubladen, damit sie sich darin ausruhen kann. Achten Sie darauf, dass die aufgehängte Kleidung nicht irgendwo aufliegt.

SCHRITT 4

SCHUHE IN DEN SCHUHSCHRANK RÄUMEN

Falls die Regalhöhe es zulässt, können Sie auch Ordnungshelfer einsetzen

Grundsätzlich empfehle ich immer Aufbewahrungsmethoden, für die keine zusätzlichen Ordnungshelfer gekauft werden müssen. Doch falls im Schuhschrank nach oben hin noch viel Platz ist, können Sie auch einen u-förmigen Regaleinsatz nutzen, um eine weitere Ebene zu erschaffen und den Platz auszunutzen. Sollte der Schrank besonders tief sein, bietet sich vielleicht der Einbau einer Stange an, um Pumps platzsparend zu verstauen. Probieren Sie aus, welche Ordnungshelfer Ihnen nützlich sein könnten.

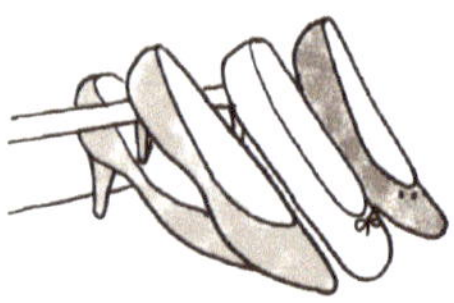

Im Eingangsbereich nur die allernötigsten Schuhe stehen lassen

Wenn bereits im Eingangsbereich Chaos herrscht, kann das Chi nicht richtig fließen, und dem ganzen Haus fällt das Atmen schwer. Daher sollten im Eingangsbereich wirklich nur die Schuhe stehen, die am Tag getragen wurden und auslüften müssen, idealerweise nur ein Paar pro Familienmitglied. Beschränken wir uns hier auf ein Minimum.

Als Letztes in der Kategorie Kleidung widmen wir uns den Schuhen. Für einen ausgewogenen Gesamteindruck räumen wir die Schuhe, die schwer wirken, nach unten und die leichten nach oben. Wenn Sie genug Platz haben, können Sie die Schuhe einfach nebeneinander auf den Regalbrettern aufreihen. Sollte der Platz nicht reichen, können Sie Ordnungshelfer nutzen oder Schuhe, die Sie nicht so häufig benötigen, im Kleiderschrank unterbringen.

Herrenschuhe nach unten, Damen- und Kinderschuhe nach oben

Falls die ganze Familie den Schuhschrank nutzt, sortieren Sie die Schuhe nach ihren Besitzern. Räumen Sie die großen und schwereren Herrenschuhe möglichst nach unten und kleinere, leichtere Damen- und Kinderschuhe nach oben: Das schafft eine angenehme Balance. Damenstiefel mit langem Schaft und Gummistiefel können auch im untersten Fach untergebracht werden.

Flache Schuhe, die ihre Form behalten, in Kartons unterbringen

Flache, unverwüstliche Schuhe wie Zehensandalen können in Zweierpaaren in leeren Schuhkartons verstaut werden. Das spart Platz und sieht ordentlich aus.

Falls nicht alles in den Schuhschrank passt, bringen Sie saubere Schuhe im Kleiderschrank unter

Falls Sie eine große Familie haben oder aus anderen Gründen nicht alles im Schuhschrank unterbringen können, verstauen Sie die Schuhe, die Sie nicht so häufig brauchen, in Kartons und bewahren Sie sie im Kleiderschrank auf. Unterziehen Sie sie aber vorher einer gründlichen Reinigung und räumen Sie sie erst in die Kartons, wenn sie vollständig getrocknet sind.

Das Aufräumen der Kleidung ist geschafft. Notieren Sie Ihre Eindrücke

Wir sind jetzt mit dem Aufräumen der Kleidung fertig. Wie war es für Sie? Vermutlich waren Sie überrascht, wie viel Kleidung sich im Laufe der Zeit unbemerkt bei Ihnen angehäuft hat, und sicherlich sind Sie auch ein wenig erschöpft. Aber betrachten Sie jetzt noch einmal die wunderbare Ordnung in Schrank und Schubladen: Darin befindet sich nur noch Kleidung, die Sie glücklich macht. Empfinden Sie bei dem Anblick nicht auch Stolz, es geschafft zu haben? Merken Sie, wie sich eine angenehme Entspannung in Ihnen ausbreitet?

Notieren Sie Ihre Emotionen und halten Sie die große Verwandlung Ihrer Garderobe fest, indem Sie Fotos einkleben oder Skizzen anfertigen. Dies wird Sie gleichzeitig motivieren, mit dem Aufräumen weiterzumachen.

Kleidung aufräumen: Wie war's?

Reflektieren Sie, wie Sie sich beim Aufräumen gefühlt haben und wie Sie weiter vorgehen möchten. Motivieren Sie sich für die nächsten Schritte und Kategorien.

Fassen Sie Ihre jetzige Stimmung in einem Wort oder Satz zusammen:

Warum empfinden Sie so?

Gibt es Dinge, die Sie in Hinblick auf Ihre Garderobe tun möchten?

Zum Beispiel: Ich möchte mehr seriöse Kleidung besitzen.

Gibt es etwas, das Sie beim Verstauen in Zukunft anders machen möchten?

Zum Beispiel: Die Kleiderbügel sollen alle einheitlich sein.

Motivieren Sie sich für die nächste Kategorie, die Bücher:

AUSFÜLL-BEISPIEL

Notieren Sie hier alles, was Ihnen während des Ausmistens zu Ihrer Kleidung oder Ihrem Stauraum aufgefallen ist: alles, worüber Sie sich noch Gedanken machen wollen, oder auch Dinge, die Sie sich kaufen möchten.

Seite 65

Kleidung aufräumen: Wie war's?

Reflektieren Sie, wie Sie sich beim Aufräumen gefühlt haben und wie Sie weiter vorgehen möchten. Motivieren Sie sich für die nächsten Schritte und Kategorien.

Fassen Sie Ihre jetzige Stimmung in einem Wort oder Satz zusammen:

Geschafft!

Warum empfinden Sie so?

Bis jetzt habe ich immer die Augen vor dem Chaos verschlossen, aber nur die Dinge auszuwählen, die mich glücklich machen, hat mich nach vorne schauen lassen. So konnte ich eine Menge ausmisten!

Gibt es Dinge, die Sie in Hinblick auf Ihre Garderobe tun möchten?

Zum Beispiel: Ich möchte mehr seriöse Kleidung besitzen.

Ich würde gerne die Farbpalette meiner Oberteile erweitern.

Neue Unterwäsche kaufen!

Ich möchte Kleidung kaufen, die enger anliegt (bisher dominiert der Schlabberlook ...)

Gibt es etwas, das Sie beim Verstauen in Zukunft anders machen möchten?

Zum Beispiel: Die Kleiderbügel sollen alle einheitlich sein.

Ein hübscheres Körbchen für den Kleinkram besorgen.

Es soll leichter werden, den Schrank sauber zu machen.

Motivieren Sie sich für die nächste Kategorie, die Bücher:

Von Büchern kann ich mich überhaupt nicht trennen, aber ich werde mich der Aufgabe stellen!

65

Wie sehr hat sich der An
Aufräumen der Kleidung
diese mit den «Vorher»-B

Plötzlich ist Platz! Herrl

Beschreiben Sie das Glücksgefühl

68

Äußern Sie Ihre Gefühle hier offen und ehrlich und machen Sie sich auch Gedanken darüber, warum Sie so empfinden.

Seite 68–69

Machen Sie sich hier nach Lust und Laune Notizen und Skizzen: Was hat beim Ausmisten Glücksgefühle in Ihnen ausgelöst? Welche Kleidung macht Sie glücklich? Was ist Ihnen aufgefallen? Notieren Sie alles, was Ihnen einfällt.

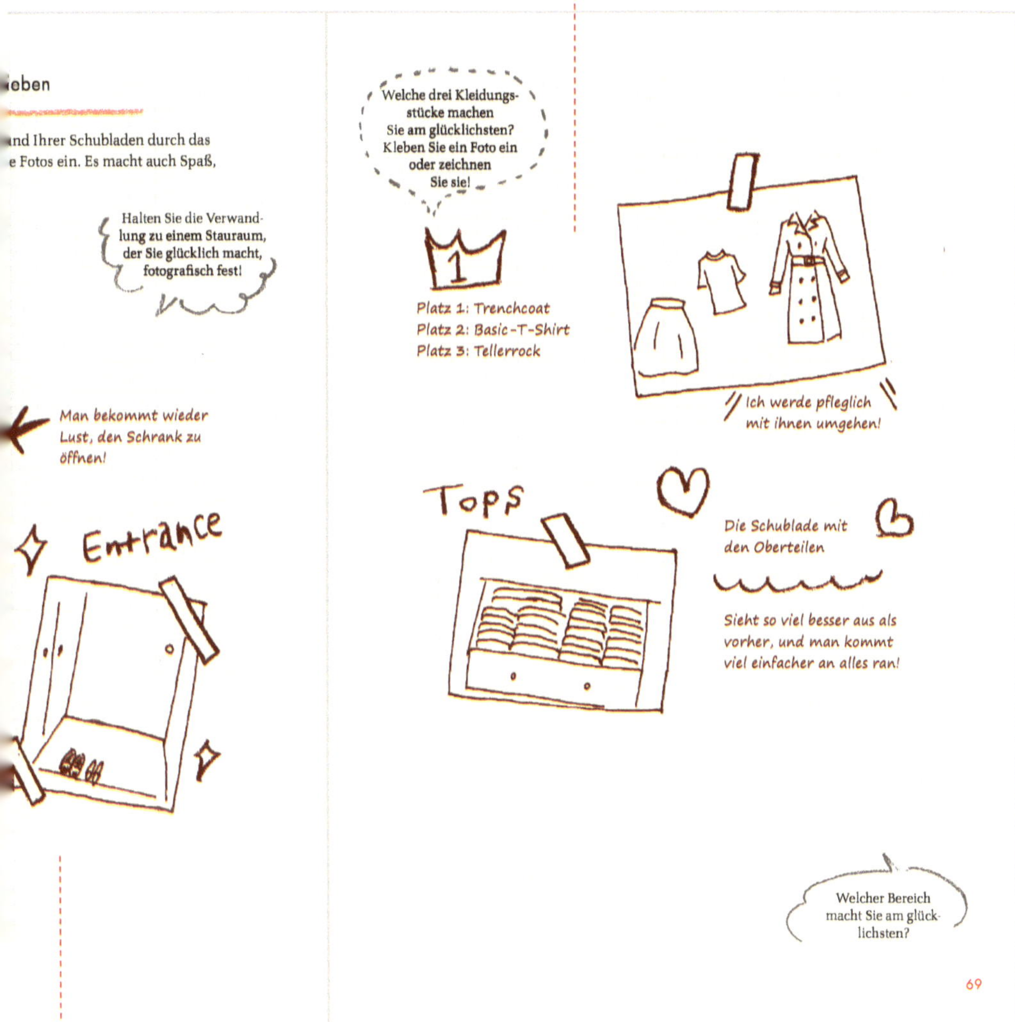

Fotos von dem übersichtlichen Schrank und den ordentlich einsortierten Schubladen einzukleben, sorgt für zusätzliche Glücksgefühle.

Fotos einkleben

Wie sehr hat sich der Anblick Ihres Schranks und Ihrer Schubladen durch das Aufräumen der Kleidung verändert? Kleben Sie Fotos ein. Es macht auch Spaß, diese mit den «Vorher»-Bildern zu vergleichen.

Halten Sie die Verwandlung zu einem Stauraum, der Sie glücklich macht, fotografisch fest!

Beschreiben Sie das Glücksgefühl

Welche drei Kleidungsstücke machen Sie am glücklichsten? Kleben Sie ein Foto ein oder zeichnen Sie sie!

Welcher Bereich macht Sie am glücklichsten?

Kapitel 3

Bücher aufräumen

Bücher haben zum einen die Tendenz, sich quasi unbemerkt anzuhäufen, und zählen zum anderen zu den Top 3 der Dinge, bei denen uns das Wegwerfen am schwersten fällt. Überraschend viele Menschen bringen es nicht übers Herz, Bücher zu entsorgen.

Freuen Sie sich umso mehr auf das befreiende Gefühl nach dem Ausmisten, wenn nur noch diejenigen Bücher übrig sind, die Sie wirklich glücklich machen. Dieses Gefühl ist etwas ganz Besonderes!

Gleichzeitig erleben wir den praktischen Nebeneffekt, dass wir im Anschluss auch Informationen deutlich besser nach ihrer Qualität filtern können.

Tragen Sie hier Start- und Endzeitpunkt ein.

Start ______________

Tag / Monat / Jahr / Uhrzeit

Ende ______________

Tag / Monat / Jahr / Uhrzeit

Der Schlüssel zum Erfolg lautet, alle Bücher aus den Regalen zu holen und auf dem Fußboden aufzureihen. Schrecken Sie vor diesem Schritt bitte nicht zurück! Es wird Ihnen sonst schwerfallen zu beurteilen, welche Exemplare wirklich glücklich machen und welche nicht. Die Bücher, die Sie behalten, werden wieder sorgfältig ins Regal eingeräumt.

1 An einer Stelle sammeln

Wecken Sie schlafende Bücher auf, indem Sie sie aus den Regalen holen und an einem Ort sammeln

Bücher, die ein ungelesenes Dasein im Regal fristen, sind in gewisser Weise «eingeschlafen». Da es in diesem Zustand schwierig ist festzustellen, ob man sie behalten möchte, nehmen Sie sie alle aus den Regalen heraus. Falls es zu viele sind und nicht alle gleichzeitig auf dem Fußboden Platz finden, können Sie auch nach Genres vorgehen.

Zu viele Bücher?
Teilen Sie sie in Genres ein.

Die richtige Reihenfolge für den Glücks-Check

Sie können natürlich einfach mit dem Buch anfangen, das Sie als erstes greifen. Sollten Sie allerdings zu viele Bücher besitzen, um alle auf einmal auszumisten, rate ich Ihnen, wie bei der Kleidung nach Kategorien vorzugehen. Beginnen Sie am besten mit der Literatur, denn davon besitzt man in der Regel am meisten. Meiner Erfahrung nach erzielt man mit der hier angegebenen Reihenfolge die größten Erfolgserlebnisse.

Hierzu zählen alle Romane, Erzählungen, Gedichtbände etc. Auch Comics fallen in diese Kategorie. Schlafen bei Ihnen nicht auch noch ein paar alte Bücher, deren Existenz Sie völlig vergessen hatten, oder solche, deren Einband so verblichen oder kaputt ist, dass er Ihnen keine Glücksgefühle mehr bereitet?

Literatur

an Rückfälle
rmeidet

Wichtig: Während des Ausmistens nicht in den Büchern lesen!

2 Das behalten, was glücklich macht

Lassen Sie Ihr Glücksgefühl beim Berühren jedes einzelnen Buchs entscheiden!

Nachdem Sie Ihre Bücher auf dem Fußboden aufgereiht haben, nehmen Sie eins nach dem anderen in die Hand und entscheiden Sie, ob es Sie glücklich macht oder nicht. Bitte fangen Sie auf keinen Fall an, darin zu lesen, das würde nur Ihr Urteilsvermögen schwächen. Betrachten Sie nur das Cover und den Titel und stellen Sie sich ein Bücherregal vor, in dem nur die Bücher stehen, die Sie glücklich machen. Folgen Sie Ihrer Eingebung beim Berühren und arbeiten Sie sich so Schritt für Schritt vor.

3 Verstauen

Die verbliebenen Bücher so einräumen, dass ihr Anblick glücklich stimmt

Die Bücher, die Sie glücklich machen, sollten auch so ins Regal eingeräumt werden, dass sie für Freude sorgen. Stapeln Sie sie auf keinen Fall übereinander, sondern reihen Sie sie im Regal auf. Berücksichtigen Sie dabei auch Höhe und Farbe der Bücher und entfernen Sie störende Aufkleber oder Banderolen. Ordentlich nebeneinanderstehende Buchrücken sind eine Wohltat fürs Auge.

In diese Kategorie fallen Reiseführer, Ratgeber, Kochbücher und Ähnliches. Falls Sie sich denken: «Vielleicht fahre ich irgendwann noch mal dorthin» oder «Wenn ich Zeit habe, beschäftige ich mich damit», stellen Sie sich konkrete Fragen, wie «Werde ich das?» oder «Wann genau?».

ücher

Hierzu zählen Coffeetable-Books, Fotobände, Kataloge oder Fanzines – visuelle Bücher, bei denen es Freude macht, sie durchzublättern. Wenn nur einzelne Bilder oder Artikel Ihnen Freude bereiten, können Sie diese auch heraustrennen und in einem Ordner sammeln.

Bildbände

Frauenzeitschriften, Nachrichtenmagazine etc. haben eine kurze Halbwertszeit. Trennen Sie nur die Seiten heraus, die Sie glücklich machen, und entsorgen Sie den Rest. Gewöhnen Sie sich an, direkt nach dem Durchlesen einen Glücks-Check zu machen.

Zeitschriften

Notieren Sie, was Ihnen auffällt, wenn Sie alles auf einmal sehen

Zum Beispiel:

- In der Zimmerecke hatte sich ein großer Zeitschriftenstapel gebildet.
- Ich habe ganze zehn Bücher gefunden, die ich nie zu Ende gelesen habe!

Sind darunter Bücher, die Sie noch nie gelesen haben?

Bücher der Familie und Fotoalben kommen später dran

Wenn Sie Ihre Regale gemeinsam mit Ihrer Familie nutzen, lassen Sie beim Ausmisten die Bücher Ihrer Familie, Fotoalben, Abschluss-Alben, Tagebücher oder Ähnliches außen vor. Im ersten Schritt geht es nur um Bücher. Alben etc. folgen später in der Kategorie «Erinnerungsstücke» (ab Seite 129). Bitten Sie Ihre Familie darum, dass jeder seine eigenen Bücher aussortiert.

Nehmen Sie jedes Buch in die Hand und behalten Sie nur das, was glücklich macht

Bevor ich mit dem Glücks-Check beginne, klopfe ich gerne leicht mit der Hand auf die Einbände der auf dem Fußboden ausgebreiteten Bücher, um sie aufzuwecken. Das ist wie eine Art Beschwörungsformel: Wenn Sie im Anschluss die Bücher in die Hand nehmen, wird Ihnen die Entscheidung leichter fallen. Probieren Sie es aus!

«Irgendwann» kommt nie

Besitzen Sie Bücher, die Sie nur angelesen haben oder die direkt nach dem Kauf für immer ins Regal gewandert sind? Dann ist die Wahrscheinlichkeit äußerst hoch, dass deren Lesezeitpunkt vorbei ist. Das «Irgendwann» aus dem Satz «Irgendwann werde ich das mal lesen» kommt nie. Sollten Sie eins dieser Bücher wirklich noch lesen wollen, empfehle ich Ihnen, sich eine Frist dafür zu setzen.

Wenn ein Buch nicht glücklich macht, bedanken Sie sich und trennen Sie sich davon

Wie viel war's?

Zum Beispiel: 30 Bücher, ein Umzugskarton voll. Grobe Angaben reichen!

WELCHE BÜCHER MACHEN SIE GLÜCKLICH?

Nur durch Berührung eines Buchs zu entscheiden, ob es glücklich macht oder nicht, kann gerade am Anfang nicht ganz einfach sein. Mit den hier aufgeführten Tipps können Sie Ihr Urteilsvermögen schärfen.

Bücher einer Serie können in Stapeln geprüft werden

Bei Büchern oder Comics, die zu einer Serie gehören, müssen Sie ausnahmsweise nicht jeden einzelnen Band in die Hand nehmen. Stapeln Sie alle Bände aufeinander, umarmen Sie den Stapel oder nehmen Sie nur den obersten Band in die Hand, um zu prüfen, ob die Reihe Sie glücklich macht. Gerade bei Comics ist die Gefahr groß, dass man es doch aufblättert und darin liest, daher seien Sie hier besonders vorsichtig.

Wenn Sie einfach nicht wissen, ob ein Buch glücklich macht, blättern Sie maximal 10 Sekunden darin

Einigen Menschen fällt es schwer festzustellen, ob ein Buch sie glücklich macht oder nicht, obwohl sie es in die Hände genommen haben. In einem solchen Fall können Sie auch in das Inhaltsverzeichnis schauen oder für höchstens zehn Sekunden einmal durch die Seiten blättern – entscheiden Sie sich für die Methode, die Ihnen am besten hilft, ein Urteil zu fällen. Aber passen Sie bitte auf, dass Sie sich nicht festlesen!

Trennen Sie nur die Seiten heraus, die glücklich machen, und heften Sie sie ab

Falls nur eine bestimmte Stelle eines Buchs ein Glücksgefühl in Ihnen auslöst, trennen Sie diese heraus und legen Sie sie vorläufig in einer Mappe ab. Bei solchen Ausschnitten kommt es häufig vor, dass man im Nachhinein denkt: «Warum habe ich das denn aufbewahrt?» Daher sehen wir uns diese Sammlung noch einmal an, wenn es an das Ausmisten von Papieren geht, und sortieren gegebenenfalls erneut aus.

DIE RESTLICHEN BÜCHER SO VERSTAUEN, DASS SIE FREUDE BEREITEN

Da Sie nur noch Bücher behalten haben, die Sie glücklich machen, sollten Sie diese auch so aufbewahren, dass es Ihnen Freude bereitet. Sie können die Bücher natürlich einräumen, wie Sie möchten, aber ich würde Ihnen sehr empfehlen, sie nicht aufeinandergestapelt, sondern nebeneinander aufzureihen. Stimmen Sie beim Sortieren auch Farbe und Größe der Bücher aufeinander ab. So entsteht nicht nur ein ordentlicher Eindruck, sondern man bekommt schon im Vorbeigehen gute Laune.

Da man die unteren Bücher in einem Stapel tendenziell nie liest, stellen Sie Ihre Bücher senkrecht nebeneinander und bewahren Sie sie grundsätzlich nicht an unterschiedlichen Orten auf. Mit einer Ausnahme: Kochbücher können Sie auch getrennt von den anderen Büchern in die Küche stellen.

Die Bücher, die Sie behalten haben, in Kategorien unterteilen

Stellen Sie die Bücher, die Sie behalten haben, nicht einfach irgendwie ins Regal, sondern teilen Sie sie in Kategorien ein, wie zum Beispiel Literatur, Sachbücher, Bildbände und Zeitschriften. So eine Sortierung verschafft einem einen guten Überblick, sodass man schnell findet, was man sucht.

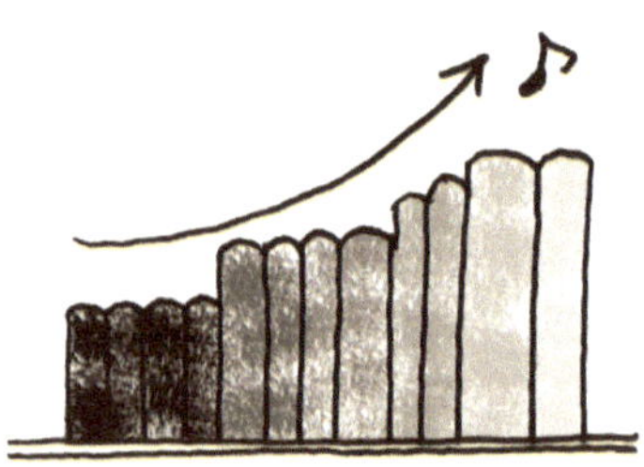

Achten Sie auf Höhe und Farbe der Bücher

Nachdem Sie die Bücher in Kategorien unterteilt haben, ist es ein hübscher Blickfang, wenn Sie sie der Höhe nach in einer nach rechts ansteigenden Linie ordnen oder so sortieren, dass ein Farbverlauf entsteht. Solche kleinen Aufmerksamkeiten können das Glücksgefühl um ein Vielfaches steigern.

Wenn die aufgereihten Bücher nicht einheitlich wirken, entfernen Sie die Banderolen

Sie haben nun alle Bücher hübsch im Regal aufgereiht, aber trotzdem wirken sie nicht einheitlich? Könnte es vielleicht sein, dass einige der Bücher mit Banderolen versehen sind? Diese meist in auffälligen Farben gehaltenen Werbebanderolen zu entfernen, ist ziemlich effektiv und sorgt automatisch für Ordnung. Selbstverständlich können Sie die Banderolen auch behalten, wenn sie ein Glücksgefühl in Ihnen auslösen.

Sie haben das Gefühl, immer noch zu viele Bücher zu besitzen? Kein Problem!

Wenn Ihnen die Anzahl Ihrer Bücher selbst nach dem Ausmisten immer noch etwas zu hoch vorkommt, ist das nicht schlimm. Im Laufe der Zeit werden Sie Ihr Gespür dafür, was Sie glücklich macht, immer weiter schärfen. Wenn Sie später bei einem Buch das Gefühl bekommen, dass es doch nicht für Erfüllung sorgt, können Sie es immer noch aussortieren.

Halten Sie Ihre Lieblingsbücher in Ehren

Ein Buch, von dem Sie sagen: «Das habe ich als Kind geliebt, es ist zwar völlig abgegriffen, aber ich kann es einfach nicht wegwerfen!», ist für Sie wie eine Bibel. Kümmern Sie sich nicht darum, was andere Menschen sagen, sondern behalten Sie die Bücher, die Ihnen wichtig sind, und halten Sie sie in Ehren. Machen Sie sich diese Glücksgefühle noch einmal bewusst und notieren Sie hier Ihre persönliche «Hall of Fame».

Notieren Sie Ihre «Hall of Fame» der Bücher

Das Aufräumen der Bücher ist geschafft. Notieren Sie Ihre Eindrücke

Auch ich hatte lange Zeit Hemmungen, Bücher wegzuwerfen, daher kann ich verstehen, wenn Ihnen das Ausmisten schwerfällt. Bitte trauen Sie sich trotzdem und behalten Sie nur die Exemplare, die Sie glücklich machen. Sie werden einen freien Kopf bekommen und sich geradezu erfrischt fühlen. Darüber hinaus werden Sie viel empfänglicher für die wichtigen Informationen sein. Wenn man nicht zu viele Bücher hortet, wird man meiner Erfahrung nach auch sensibler für die Aufnahme von Informationen.

Notieren Sie auf den nächsten Seiten Ihre Empfindungen, damit Sie in Zukunft genau den Büchern begegnen, die von Ihnen gelesen werden wollen. Sie können sich auch notieren, was Sie als Nächstes lesen möchten.

Bücher aufräumen: Wie war's?

Notieren Sie hier frei von der Leber weg, wie Sie sich nach dem Aufräumen der Bücher fühlen, was Sie ab jetzt anders machen möchten, und motivieren Sie sich für den nächsten Schritt.

Fassen Sie Ihre jetzige Stimmung in einem Wort oder Satz zusammen:

Warum empfinden Sie so?

Gibt es etwas, was Sie in Zukunft mit Büchern und Zeitschriften anders machen möchten?

Zum Beispiel: Mich intensiv mit Büchern zu Geschichtsthemen beschäftigen.

Gibt es etwas, was Sie beim Aufbewahren von Büchern in Zukunft anders machen möchten?

Zum Beispiel: Freien Platz besser nutzen.

Motivieren Sie sich für die nächste Kategorie, den Papierkram:

Seite 79

Schreiben Sie Ihr Gefühl nach dem Aufräumen in einem Wort oder Satz auf, zum Beispiel: «Ich fühle mich befreit!», «Herrlich!», und machen Sie sich Gedanken darüber, warum Sie so empfinden.

Bücher aufräumen: Wie war's?

Notieren Sie hier frei von der Leber weg, wie Sie sich nach dem Aufräumen der Bücher fühlen, was Sie ab jetzt anders machen möchten, und motivieren Sie sich für den nächsten Schritt.

Fassen Sie Ihre jetzige Stimmung in einem Wort oder Satz zusammen:

Ich fühle mich viel leichter!

Warum empfinden Sie so?

Dass ich mich von so vielen eingestaubten Büchern getrennt habe, war nicht nur eine Erleichterung für mein Regal, sondern auch für mich.

Gibt es etwas, was Sie beim Aufbewahren von Büchern in Zukunft anders machen möchten?

Zum Beispiel: Freien Platz besser nutzen.

Bücher auch mal stylisher anordnen, zum Beispiel mit dem Cover nach vorne ausstellen.

Schöne Buchstützen finden, die ich lange benutzen kann.

Gibt es etwas, was Sie in Zukunft mit Büchern und Zeitschriften anders machen möchten?

Zum Beispiel: Mich intensiv mit Büchern zu Geschichtsthemen beschäftigen.

Regelmäßig das Regal durchsehen.

Zeitschriften nicht in das kleine Regal stellen, sondern nur im Bücherregal sammeln!

Motivieren Sie sich für die nächste Kategorie, den Papierkram:

Endlich geht's den ganzen Flyern und Ausdrucken, die überall rumliegen, an den Kragen!

79

Halten Sie fotografisch fe
dass jetzt nur noch Büche
großen Unterschied zu vo
her lediglich rechteckige

Versuchen Sie, Ihr Glücksgefühl in Worte zu fassen.

82

Jetzt, da Sie mit dem Ausmisten fertig sind, machen Sie sich Gedanken darüber, wie Sie zukünftig mit Büchern verfahren wollen. Motivieren Sie sich außerdem schon einmal für die nächste Aufgabe, das Aufräumen der Papiere.

AUSFÜLL-BEISPIEL

Seite 82–83

Zeigen Sie durch Fotos oder Zeichnungen, welche Bücher in Ihre persönliche «Hall of Fame» gehören und von Ihnen einen besonderen Ehrenplatz bekommen. Sie können auch einfach nur den Titel in großen Buchstaben notieren.

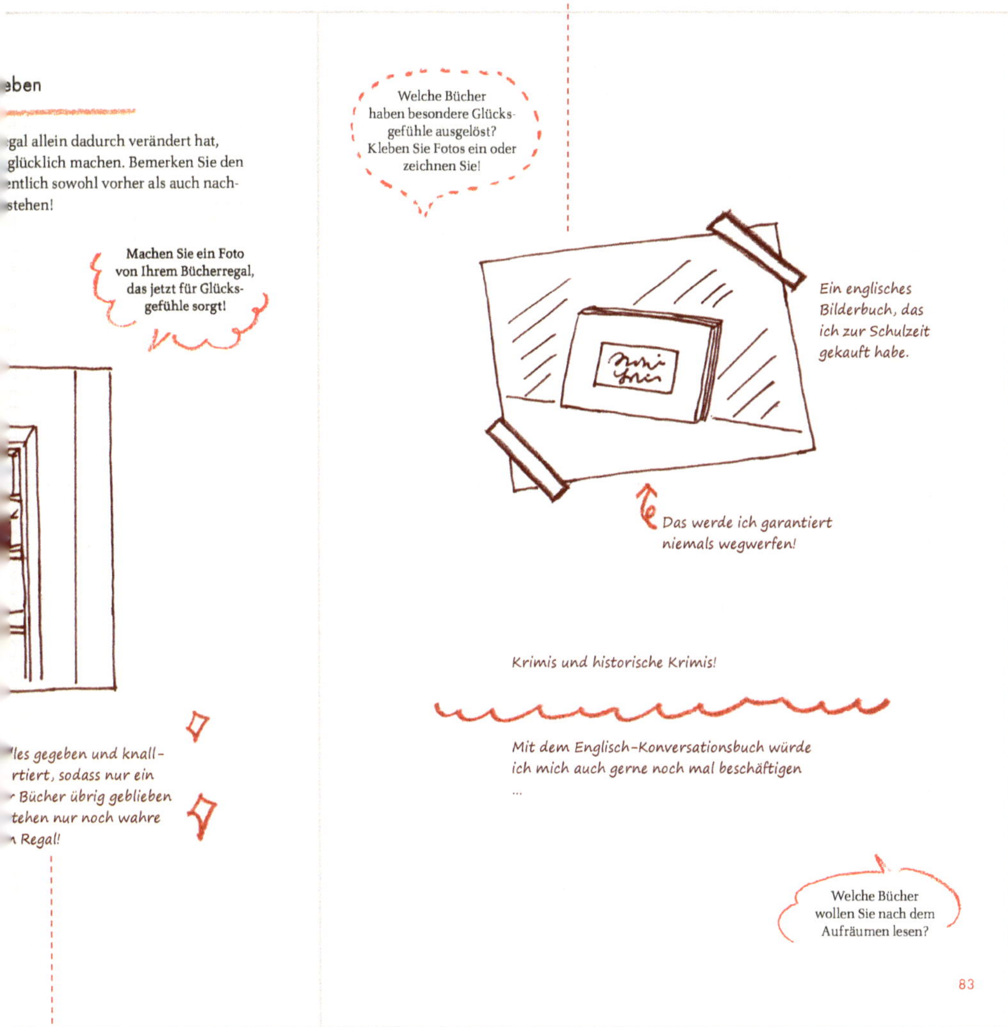
ɘben

ɡal allein dadurch verändert hat, glücklich machen. Bemerken Sie den ɘntlich sowohl vorher als auch nachstehen!

Machen Sie ein Foto von Ihrem Bücherregal, das jetzt für Glücksgefühle sorgt!

ˈles gegeben und knallrtiert, sodass nur ein ʳ Bücher übrig geblieben tehen nur noch wahre ɲ Regal!

Welche Bücher haben besondere Glücksgefühle ausgelöst? Kleben Sie Fotos ein oder zeichnen Sie!

Ein englisches Bilderbuch, das ich zur Schulzeit gekauft habe.

Das werde ich garantiert niemals wegwerfen!

Krimis und historische Krimis!

Mit dem Englisch-Konversationsbuch würde ich mich auch gerne noch mal beschäftigen ...

Welche Bücher wollen Sie nach dem Aufräumen lesen?

83

Kleben Sie ein Foto Ihres Bücherregals nach dem Ausmisten ein und vergleichen Sie es mit dem Vorher-Bild. Wird Ihnen da nicht ganz warm ums Herz?

Fotos einkleben

Halten Sie fotografisch fest, wie sehr sich Ihr Regal allein dadurch verändert hat, dass jetzt nur noch Bücher darin stehen, die Sie glücklich machen. Bemerken Sie den großen Unterschied zu vorher, obwohl doch eigentlich sowohl vorher als auch nachher lediglich rechteckige Bücher nebeneinanderstehen!

Machen Sie ein Foto von Ihrem Bücherregal, das jetzt für Glücksgefühle sorgt!

Versuchen Sie, Ihr Glücksgefühl in Worte zu fassen.

Welche Bücher haben besondere Glücksgefühle ausgelöst? Kleben Sie Fotos ein oder zeichnen Sie!

Welche Bücher wollen Sie nach dem Aufräumen lesen?

Kapitel 4

Papierkram aufräumen

Nachdem Kleidung und Bücher nun schon aufgeräumt sind, machen wir uns als Nächstes an Papiere und Dokumente. In dieser Kategorie gilt grundsätzlich: Alles wegwerfen!
Da sich Papierkram in Windeseile überall anhäuft, ohne dass man es merkt, müssen wir hier mit strengen Auswahlkriterien zur Tat schreiten.

Selbstverständlich gibt es auch einige Dokumente wie Verträge, die unabhängig davon, ob sie glücklich machen oder nicht, aufbewahrt werden müssen.

Tragen Sie hier Start- und Endzeitpunkt ein.

	Start ______________ Tag / Monat / Jahr / Uhrzeit
	Ende ______________ Tag / Monat / Jahr / Uhrzeit

Von Vertragsunterlagen und Briefen über Lieferservice-Flyer und andere Infozettel: Hier geht es um alle Dokumente außer unbenutzten Büromaterialien. Überprüfen Sie nüchtern Blatt für Blatt, was Sie wirklich aufbewahren müssen.

Wie man Rückfälle vermeidet

1 An einer Stelle sammeln

Suchen Sie Ihren gesamten persönlichen Papierkram zusammen und stapeln Sie ihn an einem Ort

Ob der Esstisch oder die Arbeitsplatte in der Küche: In jedem Haus gibt es Stellen, an denen sich Papier so schnell anhäuft wie ein Blätterhaufen im Herbst. Holen Sie wirklich restlos allen Papierkram hervor und sammeln Sie ihn an einem Ort.

Notieren Sie, was Ihnen auffällt, wenn Sie alles auf einmal sehen

Zum Beispiel:

- Jede Menge alter Lieferdienst-Flyer.
- Wenn ich nicht weiß, wohin damit, kommt es erst mal an den Kühlschrank.

....

....

....

....

....

....

....

2 Nur behalten, was wirklich notwendig ist

Persönliche Briefe gehören in die Kategorie «Erinnerungsstücke»

Machen Sie sich Gedanken darüber, wann Sie was brauchen, und behalten Sie nur die wirklich wichtigen Dokumente

Das Einzige, was übrig bleiben sollte, sind Papiere, die a) jetzt gebraucht werden, b) noch eine Weile wichtig sind oder c) für immer aufbewahrt werden müssen. Alles andere kann unverzüglich in den Schredder wandern. Briefe und Fotos fallen in die Kategorie «Erinnerungsstücke» (ab Seite 129). Diese nehmen wir uns erst ganz zum Schluss vor, daher können Sie sie erst mal beiseitelegen.

Beim Entsorgen von Dokumenten immer einen Schredder verwenden

Damit persönliche Informationen wie Name, Adresse, Geburtsdatum, Kontodaten oder Mitgliedsnummern nicht missbraucht werden können, machen Sie diese unkenntlich, indem Sie die entsprechenden Dokumente schreddern oder in kleine Teile zerreißen.

TRICKS ZUM SORTIEREN LÄSTIGER UNTERLAGEN

Selbstverständlich gibt es auch Papierkram, bei dem es Überwindung kosten kann, sich davon zu trennen. Einige Kategorien tauchen in meinen Seminaren besonders oft auf: Hier zeige ich Ihnen, wie Sie diese lästigen Dokumente bezwingen können.

Kreditkartenabrechnungen

Kreditkartenabrechnungen haben ihre Pflicht erfüllt, sobald Sie die Posten überprüft und gegebenenfalls in Ihr Haushaltsbuch übertragen haben. Falls Sie sie nicht für Ihre Steuererklärung benötigen, können Sie sie entsorgen. Ich empfehle Ihnen, auf Online-Abrechnungen umzustellen.

Seminarunterlagen

Haben Sie sich jemals nach einer Fortbildung die Unterlagen noch einmal angeguckt? Ein Seminar hat in dem Moment, in dem man begeistert daran teilnimmt bzw. den Inhalt in Job oder Alltag anwendet, seine Aufgabe erfüllt. Und Dinge, die ihre Aufgabe erfüllt haben, können entsorgt werden.

Alte Kontoauszüge

Wer Kontoauszüge nicht aus steuerrechtlichen Gründen aufheben muss, sollte einen unkomplizierten Glücks-Check vornehmen. Wenn Sie sich nicht sicher sind, ob Sie die Auszüge nicht doch noch benötigen, legen Sie eine Regel fest, nach wie vielen Jahren Sie sie wegwerfen.

Gehaltsabrechnungen

Sobald Sie den Betrag und alle weiteren Angaben auf Ihrer Gehaltsabrechnung überprüft haben, hat sie ihre Schuldigkeit getan. Auch hier gilt: Solange Sie sie nicht noch für Ihre Steuererklärung benötigen, können die Abrechnungen unverzüglich in den Schredder wandern. Für den Fall, dass Sie sie aufbewahren, setzen Sie sich eine Frist, wie lange.

Bedienungsanleitungen und Garantiepässe

Seit einiger Zeit kann man sich die Bedienungsanleitungen von Haushaltsgeräten größtenteils auch im Internet ansehen. Sammeln Sie Garantiepässe während ihrer Laufzeit in einer Klarsichthülle oder einer Kiste, eine genauere Sortierung ist nicht nötig.

Zeitungsausschnitte

Auch die Ausschnitte, die beim Ausmisten der Bücher übrig geblieben sind (siehe Seite 75), unterziehen wir nun einer erneuten Überprüfung. Was Sie behalten möchten, können Sie in einem Klarsichthüllenordner sammeln oder daraus ein Album zusammenstellen.

Weihnachts- und Neujahrskarten

Diese Karten haben ihre Aufgabe in dem Moment erfüllt, in dem wir sie in Empfang nehmen und uns angesehen haben. Achten Sie darauf, dass keine Geldgeschenke beiliegen, und entsorgen Sie die Karten, nachdem Sie ihnen Ihren Dank ausgesprochen haben. Sollten Sie sie als «Adressbuch» aufheben, behalten Sie nur die Karten eines Jahres. Die Weihnachts- und Grußkarten, bei denen Sie ein Glücksgefühl verspüren, wandern in die Kategorie «Erinnerungsstücke» (ab Seite 129).

Bedanken Sie sich bei dem Papierkram, den Sie nicht mehr brauchen, und entsorgen Sie ihn

Wie viel war's?

Zum Beispiel: ein voller Müllsack.
Grobe Angaben reichen!

Keine kleinteiligen Unterkategorien nötig!

3 Aufbewahren

In drei Kategorien einteilen

Nach dem Aussortieren teilen wir den Papierkram, den wir behalten haben, in drei Kategorien. Erstens, wichtige Vertragsdokumente und Urkunden, die man selten benötigt, zweitens, alle anderen aufzubewahrenden Papiere, die man häufiger benötigt, und zuletzt noch unbearbeitete Papiere. Bringen Sie jede Gruppe in jeweils einer Schachtel oder einem Ordner unter, es bedarf keiner weiteren Unterteilungen.

Bestimmen Sie einen Tag, an dem Sie die unbearbeiteten Dokumente durchgehen

Die Schachtel mit den unbearbeiteten Dokumenten sollte idealerweise möglichst leer gehalten werden. Legen Sie daher einen Tag fest, an dem Sie in einem Rutsch Briefe beantworten und sich um Vertragsänderungen o. Ä. kümmern. Sie sollten diesen Teil erledigt haben, bevor es an die nächste Kategorie, den Kleinkram, geht, um befreit weitermachen zu können.

Versicherung

Verträge und andere wichtige Dokumente

In diese Kategorie fallen Dokumente wie Versicherungspolicen, Mietverträge oder Garantiepässe von Haushaltsgeräten, also alles, was man aufbewahren muss, aber gewöhnlich selten braucht. Halten Sie die Aufbewahrung möglichst einfach, und stecken Sie alles zusammen in eine Klarsichthülle oder eine Schachtel.

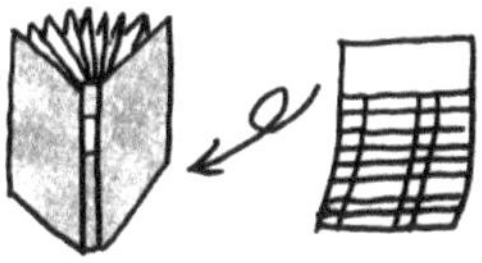

Termine

Papierkram außer Verträgen, den man aufbewahren möchte

Hiermit ist alles gemeint, was Sie aufbewahren möchten und was nicht in die Kategorie «Verträge» fällt: Jahrespläne von Schule und Arbeit, aus Zeitschriften ausgeschnittene Rezepte oder Unterlagen, die mit dem eigenen Hobby zu tun haben. Sammeln Sie diese am besten nach Kategorien getrennt in Klarsichthüllenordnern, um den Überblick zu behalten.

Unbearbeitetes

Ob Überweisungsformulare oder zu beantwortende Briefe: Legen Sie eine Ecke für all die Schriftstücke an, die Sie noch bearbeiten müssen. Eine weitere Unterteilung ist nicht nötig. Hierfür bietet sich zum Beispiel ein Zeitschriftensammler an, in den Papiere stehend einsortiert werden können, damit man sie einfach entnehmen und wieder zurücksortieren kann.

Liste von Dokumenten mit Fristen

Tragen Sie hier alle Dokumente ein, die ein Ablaufdatum haben, so wie Garantiepässe von Haushaltsgeräten oder Unterlagen, die aus steuerrechtlichen Gründen einige Jahre aufbewahrt werden müssen. Auf diese Weise werden Sie nicht vergessen, sie zu gegebener Zeit zu entsorgen.

Check — bis zum Tag / Monat / Jahr / Uhrzeit

- [ ] ....
- [ ] ....
- [ ] ....
- [ ] ....
- [ ] ....
- [ ] ....
- [ ] ....
- [ ] ....
- [ ] ....
- [ ] ....
- [ ] ....
- [ ] ....

Haben Sie wirklich
nur noch die nötigsten
Papiere behalten?

Papierkram aufräumen: Wie war's?

Notieren Sie, wie Sie sich jetzt fühlen, nachdem Sie die Papierflut gebannt und geordnet haben. Machen Sie sich hier auch noch einmal klar, wie Sie ab sofort mit Papieren verfahren wollen, und motivieren Sie sich für den nächsten Schritt: das Ausmisten von Kleinkram.

Fassen Sie Ihre jetzige Stimmung in einem Wort oder Satz zusammen:

Warum empfinden Sie so?

....

....

....

....

Gibt es etwas, was Sie in Zukunft im Umgang mit Papieren anders machen möchten?

Zum Beispiel: Unbearbeitete Papiere regelmäßig durchgehen

....

....

....

....

....

....

....

Gibt es etwas, was Sie beim Aufbewahren von Papieren zukünftig anders machen möchten?

Zum Beispiel: Wenn ich meine eigenen Sachen durchgeschaut habe, gehe ich auch den Papierkram meiner Familie an.

....

....

....

....

....

....

....

Motivieren Sie sich für die nächste Kategorie, den Kleinkram:

Kapitel 5

Kleinkram aufräumen

Wenn wir von Kleinkram sprechen, sind damit so verschiedene Dinge wie Schreibwaren, Kosmetik, Küchenzubehör und Medikamente bis hin zu Putzmitteln gemeint, dass einem bei dem Gedanken daran ganz schwindelig werden kann. Aber keine Sorge: Auf dem Weg hierher haben Sie Ihr Bewusstsein dafür, was glücklich macht, geschärft. Vertrauen Sie Ihren Aufräumfähigkeiten und folgen Sie der vorgegebenen Reihenfolge, dann wird sich das Chaos im Nu lichten.

Tragen Sie hier Start- und Endzeitpunkt ein.

Start	Tag / Monat / Jahr / Uhrzeit
Ende	Tag / Monat / Jahr / Uhrzeit

Beim Kleinkram haben wir es mit ziemlich vielen unterschiedlichen Dingen zu tun. Machen Sie Kategorie für Kategorie den Glücks-Check und verabschieden Sie sich von all dem Kram, den Sie «einfach irgendwie» besitzen. Behalten Sie nur die Dinge, mit denen Sie auch von ganzem Herzen zusammenleben möchten!

1 An einer Stelle sammeln

Gehen Sie nach Kategorien vor und suchen Sie nur Ihre eigenen Dinge zusammen

Die Massen an Kleinkram unter Kontrolle zu bringen, ist gar nicht so schwer. Sie brauchen lediglich zu wissen, nach welchen Kategorien Sie aufräumen müssen. Holen Sie die Gegenstände in der unten beschriebenen Reihenfolge hervor, sammeln Sie sie an einer Stelle, entscheiden Sie, welche Sie glücklich machen, und räumen Sie sie dann wieder ein. Das ist alles!
Dinge, die von der ganzen Familie genutzt, aber von Ihnen verwaltet werden, zählen auch dazu.

2 Das behalten, was glücklich macht

Unschlüssig zu sein, schärft das Urteilsvermögen

Beim Ausmisten des Kleinkrams werden Ihnen sicherlich Dinge unterkommen, die kein großes Glücksgefühl in Ihnen auslösen, aber dennoch nützlich sind. Sollten Sie in einem solchen Fall zu keiner Entscheidung kommen, ziehen Sie den Kasten auf der rechtenSeite zurate und denken Sie einmal genauer über diese Gegenstände nach. Mit dieser Methode schärfen Sie noch einmal Ihr Bewusstsein dafür, was Sie glücklich macht und was nicht.

Leere Schachteln können zur Aufbewahrung genutzt werden

Die richtige Reihenfolge für den Glücks-Check

Bei Kleinkram kann man schnell das Gefühl bekommen, dass man unendlich viel davon besitzt. Meiner Erfahrung nach fällt hier das Ausmisten am leichtesten, wenn man mit den eher persönlichen Dingen anfängt und nach klar getrennten Kategorien vorgeht. Wenn Sie alleine leben, müssen Sie sich nicht zwangsläufig an die Reihenfolge halten, schließlich gehören alle Dinge nur Ihnen. Beginnen Sie dann einfach mit der Kategorie, die Ihnen am einfachsten erscheint.

n Rückfälle rmeidet

Bestimmen Sie für jedes noch so kleine Teil einen festen Platz!

3 Verstauen

Die Dinge jeder Kategorie so verstauen, dass sie sich leicht wieder an ihren Platz zurücklegen lassen

Wenn Ihr Ziel lautet, dass Ihr Zuhause dauerhaft aufgeräumt bleiben soll, sorgen Sie dafür, dass alle Dinge derselben Kategorie an einem Ort versammelt sind und jedes Teil seinen festen Ablageort hat. Bevor Sie viel Geld in clevere Aufbewahrungslösungen investieren, benutzen Sie zuerst leere Schachteln, um ein System in Schubladen und Regale zu bringen. Räumen Sie alles, was aufrecht aufbewahrt werden kann, auch aufrecht ein und vermeiden Sie Stapel, um das Zurückstellen zu erleichtern.

Dieser Kleinkram sollte aufbewahrt werden

Nützliche Dinge, die glücklich machen

Dinge, von denen Sie, ohne zu zögern, wissen, dass sie glücklich machen, und die gleichzeitig auch noch nützlich sind. Behalten Sie sie mit voller Überzeugung und benutzen Sie sie in Ihrem Alltag so oft wie möglich. Ihr Herz wird jedes Mal höherschlagen. Je mehr solcher Glücksmomente Sie sich schaffen, desto erfüllter wird Ihr Leben.

Dinge, die glücklich machen, aber im Alltag kaum von Nutzen sind

Wenn ein Gegenstand Sie glücklich macht, lautet die Antwort: Stellen Sie ihn offen zur Schau. Auch wenn Sie ihn nicht benutzen, erfreuen Sie sich daran, indem Sie ihn an einem sichtbaren Ort platzieren oder an die Wand hängen.

Notwendige Dinge, die nicht glücklich machen

Machen Sie sich Gedanken darüber, welche nützliche Seiten dieser Gegenstand hat oder warum es sinnvoll ist, dass es ihn gibt. Auch «Das schlichte Design gibt mir ein Gefühl von Ruhe und Sicherheit» oder «Könnte im Notfall richtig nützlich sein» sind Gründe, die glücklich machen. Behalten Sie die Dinge, die solche Gefühle in Ihnen auslösen.

rtsachen · Technik · Haushaltsgeräte · Haushaltsgegenstände · Hobby · Küchengeräte und Lebensmittel · Sonstiges

Einen festen Platz für den Kleinkram bestimmen

Für jeden Gegenstand einen festen Ablageort bestimmen und ihn nach seiner Benutzung dorthin zurücklegen: So lautet der Grundsatz, nach dem wir beim Aufbewahren vorgehen. Blättern Sie am besten einmal auf Seite 31 zurück und ziehen Sie Ihre Skizze des verfügbaren Stauraums zurate, wenn Sie entscheiden, was wo eingeräumt werden soll.

Sobald auch nur ein einziges Teil keinen festen Platz bekommt, sondern einfach irgendwo abgelegt wird, fühlen sich andere Dinge magisch davon angezogen – und im Nu herrscht wieder Chaos. Dass jeder Gegenstand seinen Platz hat, hat unmittelbare Auswirkungen darauf, ob wir es schaffen, unser Traumleben zu leben. Den endgültigen Aufbewahrungsort bestimmen wir allerdings erst, wenn wir mit dem Ausmisten des gesamten Kleinkrams fertig sind. Betrachten Sie bis dahin alle Ablageorte als vorläufig und zerbrechen Sie sich darüber nicht zu sehr den Kopf.

Wie Sie am besten vorgehen

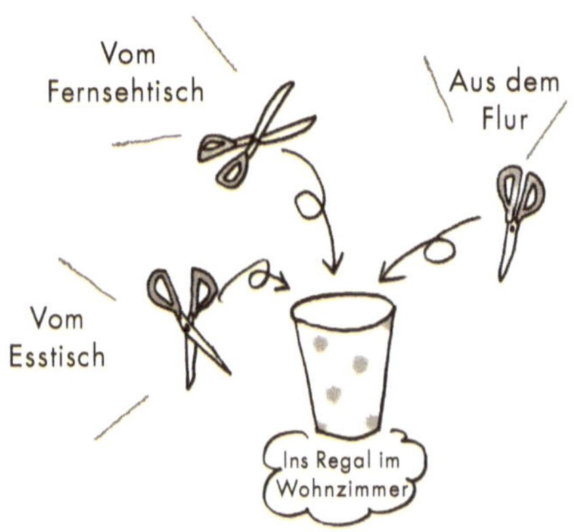

Wie Sie am besten vorgehen

Nicht alles überall verteilen

Die goldene Regel des KonMari-Aufbewahrungssystems lautet, Dinge derselben Kategorie nicht an verschiedenen Orten zu lagern, sondern an einem einzigen Ort zu versammeln. Falls Sie mit Ihrer Familie zusammenleben, teilen Sie den Stauraum untereinander auf, damit jeder seinen eigenen Bereich hat, den er dann nach Kategorien unterteilen kann. Sollten Dinge einer Kategorie tatsächlich an mehreren Orten gebraucht werden, können Sie natürlich auch von der Regel abweichen und mehrere Ablageorte festlegen.

Gebrauchshäufigkeit nur grob bestimmen

Eine kleinteilige Sortierung danach, wie oft man etwas braucht, verwirrt nur unnötig und führt dazu, dass man beim Aufräumen den Schwung verliert. Wenn Sie Wert auf eine Einteilung nach Gebrauchshäufigkeit legen, dann bleiben Sie bei zwei Abstufungen: häufig und selten. Im Alltag werden die Dinge, die Sie häufig brauchen, ohnehin automatisch weiter nach vorne wandern.

Fragen Sie sich, ob sich die Dinge an ihrem Platz wohlfühlen

Wenn Dinge so aufbewahrt werden, dass es ihnen nicht gut geht, zum Beispiel, weil sie eng aneinandergequetscht im Schrank stehen oder an einer Wand, die leicht feucht wird, ist die Gefahr groß, dass sich über kurz oder lang wieder Chaos ausbreitet.

Fragen Sie sich beim Bestimmen des Ablageortes daher nicht nur, wie praktisch er für Sie ist, sondern auch, ob sich die Dinge dort wohlfühlen werden.

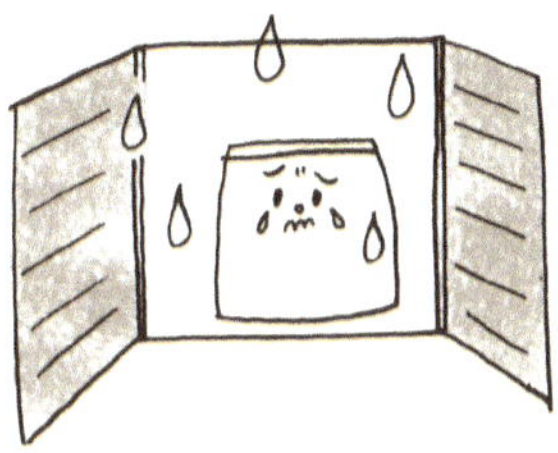

Ablageorte während des Entrümpelns können temporär sein

Bis wir all unseren Besitz durchgesehen haben, lassen sich die Gesamtmenge und die Anzahl der einzelnen Kategorien nur schwer einschätzen. Sie brauchen also nicht gleich am Anfang für alles einen endgültigen Ablageort festzulegen. Ich empfehle Ihnen allerdings, in einem Regal o. Ä. einen vorläufigen Platz für bereits aufgeräumte Dinge anzulegen, um den Wohnraum frei zu halten.

Mit Assoziationen den passenden Ort für Kleinkram finden

Wenn Sie für Ihre Kabel einen festen Platz bestimmt haben, könnte daneben der Laptop liegen, der zur gleichen Gruppe der elektrischen Dinge gehört. Wenn Sie den Laptop täglich brauchen, bietet es sich an, auch häufig genutzte Schreibsachen in der Nähe davon griffbereit aufzubewahren – so können Sie sich mithilfe von Assoziationen von einem Aufbewahrungsort zum nächsten hangeln. Bringen Sie Dinge ähnlicher Kategorien miteinander in Verbindung.

Einbaumöbel effektiv nutzen

Wenn es ans Einräumen geht, ziehen Sie zunächst noch mal Ihre Skizze von Seite 31 zurate. Beginnen Sie mit den Einbaumöbeln wie einem Wandschrank oder einer Abstellkammer, falls so etwas in Ihrem Zuhause existiert. Sobald man Ordnungshelfer wie Aufbewahrungsboxen oder Kleiderstangen in den Schränken verstaut hat, fühlt sich der Raum gleich viel größer an.

Nicht stapeln, sondern möglichst stehend einräumen

Indem wir die Dinge weitestgehend stehend und nicht gestapelt aufbewahren, haben wir einen besseren Überblick darüber, wie viel wir wirklich besitzen, und können uns leichter um unseren Besitz kümmern. Sobald wir mit dem Stapeln anfangen, vermehren sich die Dinge wie auf magische Weise, und alles, was unten liegt, wird zerdrückt und geschwächt. Zudem vergessen wir mit der Zeit, dass die unteren Dinge überhaupt existieren. Lassen Sie uns das vermeiden, wo immer es geht.

CDs UND DVDs

CDs und DVDs zählen wie Bücher und Papierkram zu den (Informations-)Medien. Da das Ausmisten nach dem gleichen Prinzip erfolgt und vergleichsweise leichtfällt, ist diese Kategorie ein idealer Einstieg, wenn man sich endlich dem Kleinkram widmen will. Allerdings kann es durchaus schwierig sein, sich beispielsweise von CDs zu trennen, die man geschenkt bekommen hat, auch wenn sie keine Glücksgefühle in einem auslösen. Wenn das der Fall ist, genießen Sie die Erinnerung, bedanken Sie sich und entsorgen Sie sie dann. Machen Sie bitte nicht den Fehler, noch ein letztes Mal reinzuhören oder -zusehen.

Notieren Sie, was Ihnen auffällt, wenn Sie alles auf einmal sehen

Zum Beispiel:

- Viele CDs von Popstars, für die meine Leidenschaft abgekühlt ist.
- Eine DVD aus der Videothek, die ich nie zurückgegeben habe.

Nehmen Sie jedes Teil in die Hand und behalten Sie nur das, was glücklich macht

Gehen Sie wie bei den Büchern vor und prüfen Sie jede CD bzw. DVD, indem Sie sie einzeln in die Hand nehmen. Auch Musik, die Sie nicht mehr hören, können Sie selbstverständlich behalten, wenn Ihnen das Cover der CD besonders gut gefällt oder es Sie glücklich macht, sie zu besitzen.

Falls Sie Daten überspielen wollen, ab damit in die «Unbearbeitet»-Kiste

Wenn Sie von einigen CDs oder DVDs lediglich die Daten behalten wollen, legen Sie diese in die «Unbearbeitet»-Schachtel (Seite 89) und übertragen Sie sie zeitnah auf Ihren Computer.

Wenn etwas nicht glücklich macht, bedanken Sie sich und trennen Sie sich davon

Zum Beispiel: 50 CDs, 20 DVDs

Wie viel war's?

Die Dinge, die Sie behalten haben, nicht stapeln, sondern so aufbewahren, dass sie glücklich machen

Stapeln Sie die CDs und DVDs, die Sie behalten haben, nicht übereinander, sondern reihen Sie sie in einem Regal oder einer Schublade nebeneinander auf, vielleicht sogar farblich sortiert. Wenn es nicht viele sind, nehmen Sie eine Schachtel oder ein Körbchen zu Hilfe. Falls Ihnen ein Cover besonders gut gefällt, können Sie es auch gut sichtbar als Deko-Element verwenden.

Dekorieren Sie mit Ihren Lieblingsstücken!

Achten Sie auch auf die Farben.

PFLEGE-PRODUKTE

Da Gesichtspflegeprodukte meist einen hohen Feuchtigkeitsanteil haben, sollte man sie verbrauchen, solange sie noch frisch sind. Ich empfehle Ihnen, alte Gesichtscremes unverzüglich zu entsorgen oder sie zu einer luxuriösen Körperlotion umzufunktionieren. Als Aufbewahrungsort bietet sich eigentlich das Badezimmer an, sollte dort allerdings nicht genug Platz sein, können Sie sich auch eine kleine Pflege-Ecke im Kleiderschrank oder auf einem Regal einrichten.

Notieren Sie, was Ihnen auffällt, wenn Sie alles auf einmal sehen

Zum Beispiel:

- Es sind Unmengen von Proben aufgetaucht ...
- Das teure Gesichtsserum hat sich verfärbt! Schock!

Nehmen Sie jedes Teil in die Hand und behalten Sie nur das, was glücklich macht

Versammeln Sie alle Ihre Gesichtspflegeprodukte an einem Ort und überprüfen Sie, welches Sie glücklich macht. Lösen Sie sich dabei von dem Gedanken, ob Sie etwas noch benutzen könnten: Wenn es Ihr Herz nicht höherschlagen lässt, ist es an der Zeit, es zu entsorgen.

Frische ist bei Pflegeprodukten das A und O!

Gehen Sie dazu über, Gesichtsprodukte zu benutzen, solange sie noch neu sind, um den Glücksfaktor Ihres Pflegerituals zu erhöhen. Proben sammeln sich schnell an und verderben, wenn man sie zu lange herumliegen lässt. Also entscheiden Sie sich, sie entweder sofort zu benutzen oder gleich zu entsorgen.

Wenn etwas nicht glücklich macht, bedanken Sie sich und trennen Sie sich davon

Wie viel war's?

Zum Beispiel: 20 Proben, drei Flaschen

Alles, was Sie behalten haben, separat als «Gesichtspflege» aufbewahren

Gesichtspflegeprodukte haben mit ihrem hohen Feuchtigkeitsgehalt einen anderen Charakter als das eher trockene und puderartige Make-up, daher bewahren wir beides getrennt voneinander auf. Räumen Sie Tuben und andere kleine Behälter stehend in eine kleine Kiste ein, damit es ordentlich aussieht. Falls Sie sehr viele Produkte besitzen, unterteilen Sie sie in «Dinge für den täglichen Gebrauch» und «Spezialpflegeprodukte».

Kleinteile kommen in einen Karton!

MAKE-UP

Make-up aufzutragen ist ein Ritual, bei dem eine Frau ihre Weiblichkeit zelebriert. Daher ist es bei diesen Utensilien besonders wichtig, dass das Glücksgefühl an erster Stelle steht. Wenn das Make-up hübsch eingeräumt ist, wird der Glücksfaktor beim Schminken um ein Vielfaches gesteigert. Schmutzige Verpackungen oder verschmierte Döschen bewirken das genaue Gegenteil, daher achten Sie im Alltag darauf, Puderdosen, Lippenstifthüllen etc. immer schön sauber zu halten.

Notieren Sie, was Ihnen auffällt, wenn Sie alles auf einmal sehen

Zum Beispiel:

- Ziemlich viele angebrochene Lidschatten.
- Einige Nagellacke sind dickflüssig und unbrauchbar geworden.

Nehmen Sie jedes Teil in die Hand und behalten Sie nur das, was glücklich macht

Make-up hat einen großen Einfluss darauf, wie wohl man sich fühlt. Seien Sie daher beim Auswahlprozess besonders kritisch. Entsorgen Sie alles, was zu alt ist oder Ihrem aktuellen Geschmack nicht mehr entspricht.

Liegen bei Ihnen nicht auch über ein Jahr alte, unbenutzte Proben herum?

Hand aufs Herz: Haben Sie nicht auch irgendwo ein paar Proben gesammelt, weil die so praktisch für einen Kurzurlaub wären? In Wirklichkeit benutzt man sie im Endeffekt so gut wie nie. Da Proben aufgrund ihrer kleinen Menge schnell schlecht werden, ist es vernünftiger, sie sofort zu verbrauchen oder direkt zu entsorgen.

Wenn etwas nicht glücklich macht, bedanken Sie sich und trennen Sie sich davon

Wie viel war's?

Zum Beispiel: dreimal Foundation, zwei Lippenstifte

Räumen Sie die übrigen Dinge besonders ästhetisch ein

Bewahren Sie alle länglichen Dinge, so wie Puderpinsel oder Mascara, stehend auf. Hierfür eignet sich eine Lieblingsdose oder ein Glas, das Sie glücklich macht. Sortieren Sie alle anderen Make-up-Utensilien gegebenenfalls nach Unterkategorien und räumen Sie sie so ein, dass es hübsch aussieht.

Sortieren Sie in «Dinge, die stehend aufbewah werden können», und «Alles andere

ACCESSOIRES

Accessoires sind dazu da, Sie zum Strahlen zu bringen, und somit sind sie quasi die Königinnen der Kategorie Kleinkram. Behandeln Sie die Teile während des Glücks-Checks behutsam und erweisen Sie auch denjenigen, die Sie entsorgen, von Herzen Respekt und Dank. Bewahren Sie Ihren Schmuck besonders elegant auf, indem Sie ihn wie bei einer Auslage im Geschäft hübsch nebeneinander anordnen.

Auch Armbanduhren fallen in diese Kategorie.

Notieren Sie, was Ihnen auffällt, wenn Sie alles auf einmal sehen

Zum Beispiel:

- Eine Kette war verrostet.
- Diverse einzelne Ohrringe ...

Nehmen Sie jedes Teil in die Hand und behalten Sie nur das, was glücklich macht

Wenn Sie sich beim Glücks-Check denken: «Das möchte ich zwar nicht mehr tragen, aber der Anhänger gefällt mir!», können Sie das Schmuckstück auch in seine Einzelteile zerlegen und nur den Teil behalten, der Sie glücklich macht.

Teile, an denen viele Erinnerungen hängen, kommen zu den Erinnerungsstücken

Dinge, die voller Erinnerungen stecken, wie ein Ring, den man von einem Ex-Partner geschenkt bekommen hat, oder die von einer Freundin selbst gebastelten Accessoires können den Entscheidungsprozess blockieren. Daher beschäftigen wir uns mit ihnen erst, wenn es an das Ausmisten der Erinnerungsstücke geht (ab Seite 129).

Wenn etwas nicht glücklich macht, bedanken Sie sich und trennen Sie sich davon

Wie viel war's?

Zum Beispiel: fünf Broschen, acht Ohrringe

Räumen Sie die übrigen Dinge besonders ästhetisch ein

Ob Sie die Accessoires in einer Schublade einräumen, in einem Schmuckkästchen bzw. Kosmetiktäschchen verstauen, oder aber sie offen sichtbar an die Wand hängen: Egal, für welche dieser Methoden Sie sich entscheiden, sortieren Sie die Stücke nach Kategorien und arrangieren Sie sie hübsch.

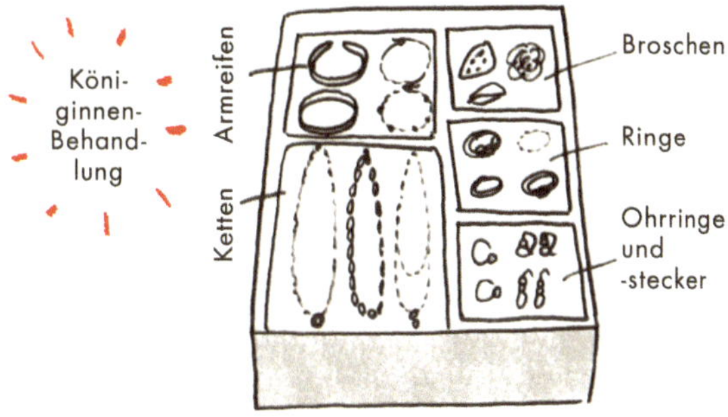

Sortieren Sie Haar-Accessoires nach Typ

Kümmern Sie sich in dieser Kategorie auch um all den Kleinkram für die Haare. Behalten Sie wie immer nur das, was glücklich macht, und bewahren Sie Haargummis, Haarklemmen, Haarclips und -spangen getrennt voneinander auf, um einen Überblick zu behalten.

WERTSACHEN

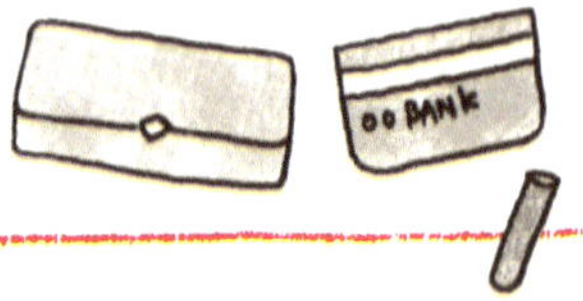

In die Kategorie «Wertsachen» gehören Bargeld, Bankkarten, Gutscheine, ausländische Währungen, Krankenkassenkarten, Bonushefte, Mitgliedskarten, Pässe (Reisepass, Impfpass) und andere offizielle Dokumente. Da diese Dinge wertvoll sind, müssen sie ordentlich und mit Wertschätzung aufbewahrt werden.

Notieren Sie, was Ihnen auffällt, wenn Sie alles auf einmal sehen

Zum Beispiel:

- Viele unbenutzte Bonuskarten.
- Einen Gutschein wiedergefunden, den ich ganz vergessen hatte.

....

....

....

....

Nehmen Sie jedes Teil in die Hand und behalten Sie nur das, was Sie wirklich brauchen

Bei den Wertsachen geht es im Auswahlprozess weniger darum, was glücklich macht, sondern vorrangig darum, was Sie brauchen. Nehmen Sie dennoch jeden einzelnen Gegenstand in die Hand und überlegen Sie genau, ob Sie ihn wirklich benötigen oder nicht.

Achten Sie auf verstrichene Fristen

Überprüfen Sie bei Punktekarten von Geschäften oder anderen Dingen mit Ablaufdatum, ob diese noch gültig sind. Falls nicht: Ab in die Tonne damit! Wenn Sie Gutscheine finden, die Sie einlösen möchten, legen Sie diese in die Schachtel mit unbearbeiteten Dokumenten (Seite 87), um sie nicht zu vergessen.

Wenn etwas nicht glücklich macht, bedanken Sie sich und trennen Sie sich davon

Wie viel war's?

Zum Beispiel: zehn abgelaufene Rabatt-Coupons

Alles, was Sie behalten haben, ordentlich verstauen

Wertvolle Dinge sollten an einem angemessenen Ort aufbewahrt werden. Das können ein abschließbarer Safe, eine Schublade in einer Kommode oder auch eine Holzkiste sein. Falls es nur wenig Gegenstände sind, reicht auch ein Täschchen. Ich empfehle Ihnen, alle Karten stehend in eine kleine Schachtel einzusortieren.

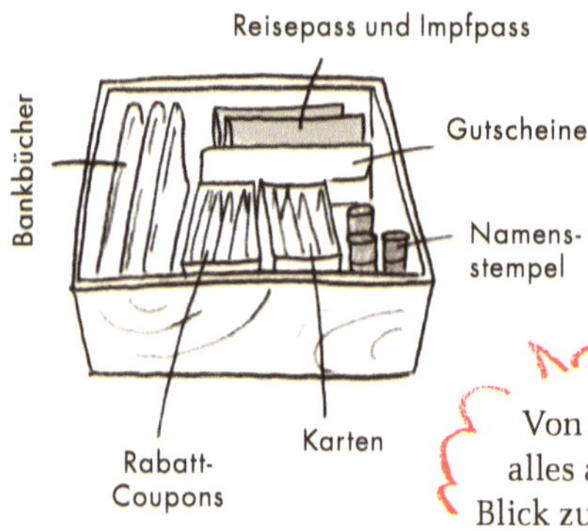

Von oben ist alles auf einen Blick zu erkenn

Das Portemonnaie ist genauso ein VIP wie der Büstenhalter

Unter den Wertsachen genießt das Portemonnaie einen Sonderstatus, denn es ist das «Zuhause» unseres Geldes. Meine persönliche Tagesroutine besteht darin, abends die Kassenbons zu entnehmen, das Portemonnaie in ein Tuch einzuwickeln, mich bei ihm für seine Arbeit zu bedanken und es an seinem festen Platz, in eine Schachtel, zu legen.

ELEKTRONIK

In diese Kategorie gehört alles, was voller Elektrizität steckt, so wie Laptops, Digitalkameras, Sprachcomputer, Mobiltelefone, Speicherkarten, Kosmetik- und Wellnessgeräte oder Batterien. Sollte allerdings zum Beispiel Fotografie zu Ihren Hobbys zählen und Sie deshalb viel Zubehör besitzen, können Sie auch eine eigene Kategorie «Kamera» aufmachen und sich mit allem, was dazu gehört, nicht jetzt, sondern im Abschnitt «Hobbyzubehör» (ab Seite 111) beschäftigen.

Notieren Sie, was Ihnen auffällt, wenn Sie alles auf einmal sehen

Zum Beispiel:

- Einen kaputten Laptop gefunden.
- Es sind Unmengen von Batterien aufgetaucht.

Nehmen Sie jedes Teil in die Hand und behalten Sie nur das, was Sie brauchen

Entsorgen Sie alle alten Handys und Computer, die irgendwie noch herumliegen, obwohl sie schon lange kaputt sind. Legen Sie Speicherkarten mit Fotos, deren Daten Sie noch übertragen möchten, in die «Unbearbeitet»-Schachtel von Seite 89.

Kabel, von denen keiner weiß, wozu sie gehören, gehören sofort in den Müll!

Alle Dinge, von denen keiner mehr weiß, wozu sie gehören, so wie Kabel von längst entsorgten Digitalkameras oder alte Handyladekabel, die man irgendwann vorsichtshalber in eine Tüte oder Kiste gestopft hat, gehören umgehend entsorgt. Bei der Gelegenheit sollten Sie auch alle Schachteln und Verpackungen von Elektrogeräten wegwerfen, es sei denn, Sie können sie noch zu Ordnungshelfern umfunktionieren.

Wenn etwas nicht glücklich macht, bedanken Sie sich und trennen Sie sich davon

Wie viel war's?

Zum Beispiel: zwei alte Handys, eine Spielekonsole, ein Kosmetikgerät

Alles, was Sie behalten haben, in grober Sortierung verstauen

Auch wenn die Dinge dieser Kategorie in Form und Größe stark variieren, sollten wir sie nach Möglichkeit gemeinsam in einer Schublade o. Ä. einsortieren, da sie die gleiche elektrische Aura haben. Bewahren Sie Dinge nach Möglichkeit stehend auf und verstauen Sie Kleingeräte zusammen mit dem jeweils passenden Ladekabel in kleinen Täschchen. So müssen Sie nie wieder etwas suchen! Taschenrechner und Sprachcomputer können Sie zusammen mit den Schreibwaren aus dem Abschnitt «Alltagsgegenstände» (Seite 104) aufbewahren.

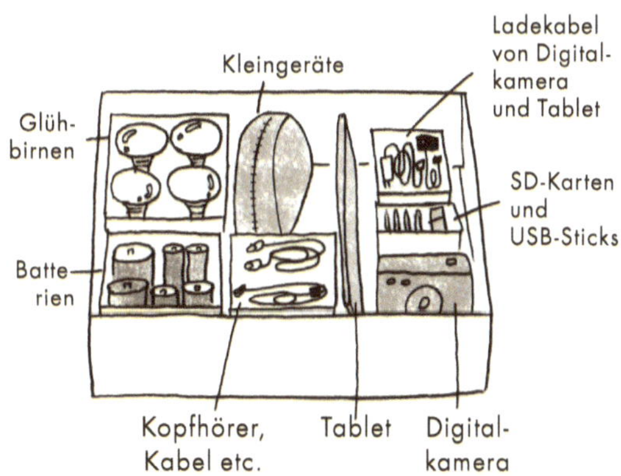

ALLTAGS-GEGENSTÄNDE

In diesem Abschnitt widmen wir uns dem Ausmisten von Alltagsgegenständen, von Schreibwaren über Werkzeug bis hin zu Nähzeug. Gerade der Begriff Schreibwaren umfasst so viele verschiedene Dinge, dass wir sie im Anschluss in drei Kategorien unterteilen: Utensilien, Papier und Briefzubehör. So lassen sich die Dinge nach dem Gebrauch einfacher wieder an ihren Platz zurücklegen. Falls Sie Werkzeug oder Nähzeug nur selten benutzen, behalten Sie wirklich nur das Nötigste.

Schreibwaren

Notieren Sie, was Ihnen auffällt, wenn Sie alles auf einmal sehen

Zum Beispiel:
- Diverse unbenutzte Notizbücher gefunden.
- Allein zehn rote Kugelschreiber!

Nehmen Sie jedes Teil in die Hand und behalten Sie nur das, was Sie glücklich macht

Überprüfen Sie den Zustand Ihrer Schreibwaren: Testen Sie beispielsweise, ob Stifte (die sich gerne ansammeln) überhaupt noch schreiben oder ob der Klebstoff in der Tube hart geworden ist.

Trauen Sie sich nicht, Ihre besonders schönen Notizbücher zu benutzen?

Kennen Sie das? Ein neues Notizbuch lässt Ihr Herz höherschlagen, aber Sie finden es zu schade zum Benutzen, weswegen es im Schrank versauert? Gerade, weil es Sie glücklich macht, sollten Sie es im Alltag verwenden. Unbenutzte Schreibwaren, die in Ihnen keine Glücksgefühle auslösen, können Sie auch spenden.

Wenn etwas nicht glücklich macht, bedanken Sie sich und trennen Sie sich davon

Zum Beispiel: 20 Stifte, fünf Notizblöcke

Wie viel war's?

Teilen Sie die Dinge, die Sie behalten haben, in drei Kategorien auf

Die übrig gebliebenen Schreibwaren unterteilen wir in drei Kategorien. Stifte, Schere, Tacker etc. gehören zu den «Utensilien», Notizblöcke und -hefte zu den «Papieren» (hierzu zählen auch Mappen, in die Papier eingeheftet wird), und alles, was mit Briefen und Post zu tun hat, kommt in die Kategorie «Brief-Zubehör».

Unter Berücksichtigung der drei Kategorien verstauen

Da der Begriff «Schreibwaren» sehr viele Dinge umfasst, die in Material und Größe stark variieren, ist das die Kleinkram-Kategorie, die am meisten nach einer klaren Aufteilung verlangt. Überlegen Sie sich zunächst, wie Sie den Platz in der dafür vorgesehenen Schublade oder Kiste bis ins Detail organisieren können, und räumen Sie die Dinge dann nach und nach möglichst stehend ein. Sie können auch Zeitschriftenhalter zum Einsatz bringen.

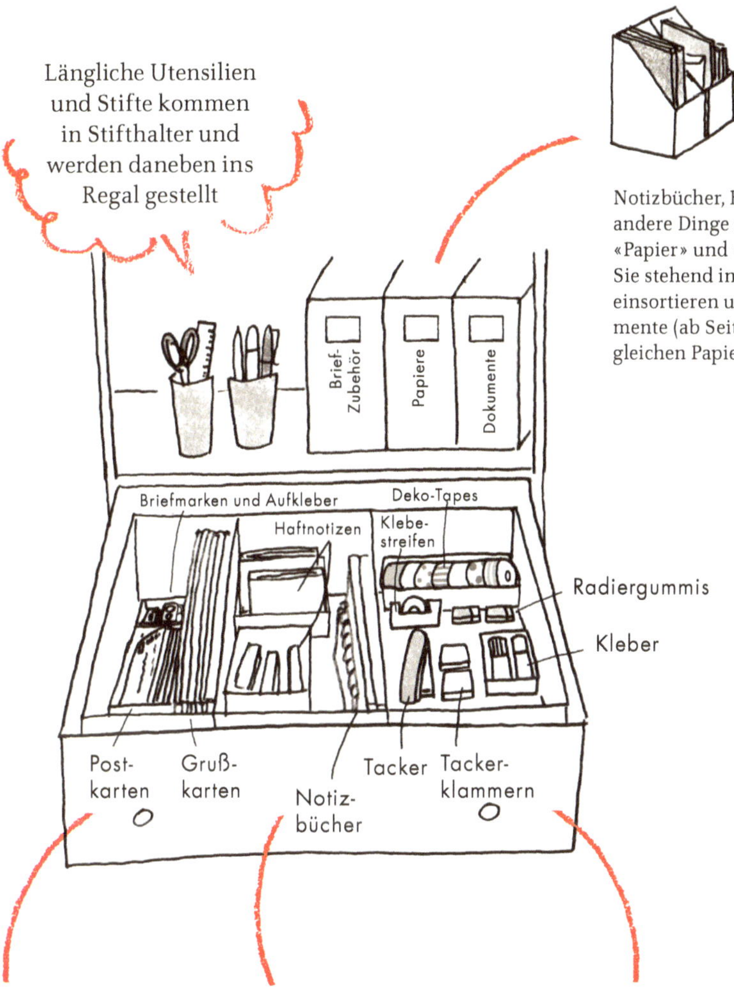

Notizbücher, Briefpapier oder andere Dinge aus den Kategorien «Papier» und «Briefe» können Sie stehend in Zeitschriftenhalter einsortieren und neben die Dokumente (ab Seite 96) stellen, die zur gleichen Papier-Gruppe gehören.

Briefzubehör

Postkarten, Grußkarten, Briefpapiersets und Briefumschläge räumen wir voneinander getrennt nebeneinander ein. Achten Sie dabei auch auf die Höhe der jeweiligen Dinge. Bewahren Sie hier auch dazugehörigen Kleinkram wie Sticker, Stempel und Briefmarken auf.

Papiere

Sortieren Sie Notizbücher und -hefte stehend ein, anstatt sie zu stapeln. Auch Haftnotizen und andere kleine Dinge können stehend in eine kleine Schachtel geräumt werden. So hat man gleich einen Überblick von oben.

Utensilien

Legen Sie Dinge wie Deko-Tapes oder Klebestifte in kleine Schachteln, damit sie nicht in der Schublade hin- und herrollen. Wenn Sie nur wenig Stifte besitzen, können Sie sie auch hier hineinlegen.

Werkzeug und Nähzeug

Notieren Sie, was Ihnen auffällt, wenn Sie alles auf einmal sehen

Zum Beispiel:

- Ich habe immer noch das Nähset aus der Grundschule.
- Der Hammer, den ich seit Jahren nicht mehr benutzt habe, ist komplett verrostet.

Nehmen Sie jedes Teil in die Hand und behalten Sie nur das, was Sie glücklich macht

Liegen bei Ihnen auch sperrige Werkzeuge herum, von denen Sie nicht genau wissen, wofür man sie braucht, oder gehören zu Ihren Nähsachen Fingerhüte oder Stoffkreiden, die Sie nie benutzen? Wenn Sie in naher Zukunft nicht beabsichtigen, diese zu verwenden, entsorgen Sie sie.

Wenn etwas nicht glücklich macht, bedanken Sie sich und trennen Sie sich davon

Zum Beispiel: zwei kleine Müllbeutel voll

Wie viel war's?

Alles, was Sie behalten haben, so verstauen, dass es glücklich macht

Legen Sie robustes Werkzeug in einen Werkzeugkoffer oder eine Kiste und verstauen Sie diese, wo Platz ist. Wenn Sie die Dinge bis auf ein Minimum reduziert haben, können Sie sie auch in einer kleinen Tasche aufbewahren. Nähsachen verstauen Sie in einem Nähkasten oder einem Täschchen und sorgen so für Ordnung.

Erledigen Sie aufgeschobene Reparaturen jetzt!

Nutzen Sie die Gelegenheit, um lockere Schrauben einzudrehen, Knöpfe wieder anzunähen oder andere Reparaturen vorzunehmen, die Sie schon längst erledigt haben wollten. Ich kann Ihnen das nur empfehlen: Sie werden sich befreit fühlen!

HAUSHALTS-GEGENSTÄNDE

Notieren Sie, was Ihnen auffällt, wenn Sie alles auf einmal sehen

Zum Beispiel:

- Die Wäschenetze sind schon ziemlich gammelig.
- Große Mengen abgelaufener Medikamente.
- Überall angebrochene Taschentuch-packungen.

Haben Sie nicht auch Unmengen von Reserve-Zahnbürsten?

Nehmen wir uns nun die Haushaltsgegenstände vor, die im Alltag nicht fehlen dürfen und oft auf Vorrat gekauft werden, so wie Putzmittel, Waschmittel, Handtücher, Körperpflegeartikel, Toilettenpapier oder Shampoo. Da dies größtenteils praktische Dinge sind, sollten wir uns hier vor allem Gedanken darüber machen, welche davon wir wirklich benötigen. Wenn es ans Aufbewahren geht, sollten wir uns auf den Stauraum im Bad beschränken, da die Dinge im Wesentlichen dort zum Einsatz kommen. So ist es einfacher zu entscheiden, wie viel übrig bleiben soll und wo es hinkommt.

Nehmen Sie jedes Teil in die Hand und behalten Sie nur das, was Sie glücklich macht

Selbstverständlich geht es darum, ob Geruch, Verpackung oder Design Glücksgefühle in Ihnen auslösen, aber stellen Sie bei praktischen Putz- und Pflegemitteln auch deren funktionale Aspekte auf den Prüfstand.

Stellen Sie sich vor, ob die Anwendung Sie glücklich machen würde

Bei einigen Dingen, z.B. ein Haarpflegeset, das man geschenkt bekommen hat, fällt das Wegwerfen schwer, da man es theoretisch noch benutzen könnte. In solchen Fällen kann es helfen, sich vorzustellen, wie man sie das nächste Mal verwendet. Unbenutzte Produkte können Sie auch auf dem Flohmarkt verkaufen oder spenden.

Wenn etwas nicht glücklich macht, bedanken Sie sich und trennen Sie sich davon

Wie viel war's?

Zum Beispiel: ein Müllbeutel,
diverse Putzmittel
Grobe Mengenangaben reichen völlig aus!

Die Dinge, die Sie behalten haben, in Kategorien zusammenfassen

Fassen Sie die Dinge in Kategorien zusammen und machen Sie sich Gedanken darüber, was Sie wo in Bad oder Toilette verstauen können. Falls Sie einige der Vorräte nicht unterbringen können, können Sie auch auf eine Abstellkammer o. Ä. ausweichen. Benutzen Sie leere Schachteln und Kartons zum Sortieren und versuchen Sie, nach Möglichkeit alles stehend aufzubewahren.

Putz- und Waschutensilien

Sortieren Sie Putzutensilien, Waschmittel, Kleiderbügel etc. voneinander getrennt und benutzen Sie Körbe, Kisten, Zeitschriftensammler oder Beutel, um die Dinge einer Kategorie übersichtlich zusammenzufassen und zu verstauen.

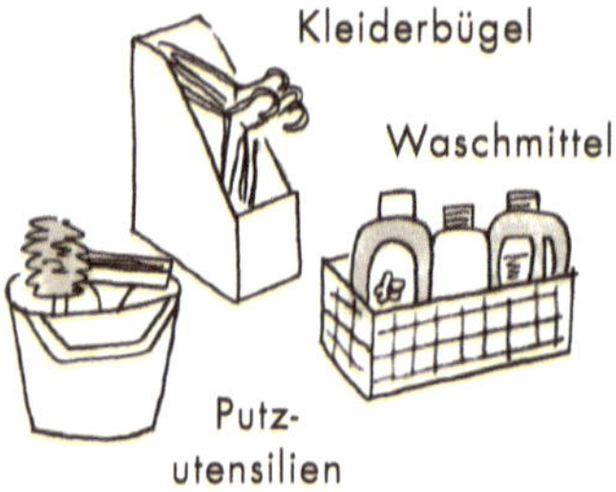

Pflegeprodukte

Zu dieser Kategorie zählen Dinge wie Kontaktlinsen, Salben, Bodylotions und Handcremes. Nehmen Sie Tageslinsen und Salben aus ihren Pappschachteln und räumen Sie sie stehend ein. So sieht es gleich viel ordentlicher aus!

Handtücher

Sortieren Sie Handtücher nach Größe, falten Sie sie rechteckig zusammen und räumen Sie sie stehend ein. Da dies tägliche Gebrauchsgegenstände sind, die der Reihe nach verwendet werden, können Sie sie auch gestapelt aufbewahren. Stellen Sie sie entweder in einer Kiste ins Badezimmer oder verstauen Sie sie in einer Schublade im Schrank.

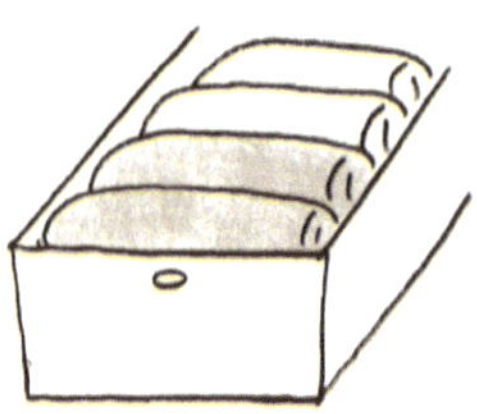

Stehend
oder gestapelt –
beides ist in
Ordnung!

Vorräte

Vorräte von Toilettenpapier oder Shampoo bewahren wir am besten gemeinsam mit den Dingen auf, die gerade in Gebrauch sind. Sollte dort allerdings nicht genug Platz dafür zur Verfügung stehen, fassen Sie die Vorräte als eine Kategorie zusammen und verstauen Sie sie in einer Kiste oder Schublade in einem Schrank oder einer Abstellkammer.

Haushaltsgegenstände verstauen

Die Haushaltsgegenstände, die wir auf der linken Seite in Kategorien unterteilt haben, sind größtenteils Dinge, die man im Badezimmer braucht. Wenn Sie allein leben, können Sie sie einräumen, wie Sie möchten. Wird das Bad auch von Ihrer Familie benutzt, bestimmen Sie als Erstes einen festen Ort für gemeinsam genutzte Dinge wie den Föhn und teilen Sie im Anschluss den übrig gebliebenen Platz für alles andere auf. Toilettenpapier und Hygieneartikel sollten in Reichweite der Toilette aufbewahrt werden.

Pflegeprodukte, Kontaktlinsen etc.

Bewahren Sie kleinteilige Pflegeprodukte wie Kontaktlinsen und Salben an einem Ort auf. Falls einige davon nur von einem Familienmitglied benutzt werden sollten, können sie auch in dessen persönlichem Bereich verstaut werden.

Persönliche Dinge im persönlichen Bereich

Im gemeinsam genutzten Badezimmer halte ich es für angemessen, sich vom Privatbereich der Familienmitglieder fernzuhalten. Jeder sollte seine eigene Ecke bekommen, für deren Ordnung er oder sie auch selbst zuständig ist.

Dinge, die alle benutzen, zuerst einräumen

Stellen Sie sicher, dass die Dinge, die von allen Familienmitgliedern benutzt werden, wie der Föhn oder Zahnputzzeug, für alle nachvollziehbar und leicht zugänglich aufbewahrt werden.

Bade- und Handtücher

Bewahren Sie Handtücher dort auf, wo genug Platz ist, zum Beispiel in einer Schublade unter dem Waschbecken oder auf einem Regal über der Waschmaschine. Je nach Platzsituation können Sie sie stehend oder auch gestapelt aufbewahren.

Aktuell verwendete Waschmittel, Shampoos etc.

Bewahren Sie im Waschbeckenunterschrank in Körben oder Schachteln die Reinigungs-, Wasch- und Haarpflegemittel auf, die Sie gerade benutzen. Wenn Sie die entsprechenden Vorräte direkt dahinter lagern, haben Sie immer im Blick, wann Sie etwas nachkaufen müssen.

Ich stelle nichts auf der Badewanne ab

Ich habe mir angewöhnt, Shampoo- und Duschgelflaschen nach dem Duschen oder Baden mit einem Handtuch trocken zu wischen und sie anschließend wegzuräumen. Wenn das Bad nicht mit lauter Flaschen vollgestellt ist, lässt es sich viel leichter putzen – und es bilden sich auch keine Kalkflecken. Dieser kleine Handgriff sorgt für viele positive Effekte!

HOBBYZUBEHÖR

In diese Kategorie gehören viele verschiedene Dinge, so wie Werkzeuge für kreative Tätigkeiten, Sammlungen, Wellness-Zubehör wie Duftlampen oder -kerzen und nicht zuletzt die Kleidung für besondere Anlässe von Seite 60. Alle diese Dinge wollen wir nach dem Entrümpeln so verstauen, dass sie uns Freude bereiten. Insbesondere große Sammlungen durchzusehen, kann viel Zeit in Anspruch nehmen, aber gehen Sie trotzdem gründlich dabei vor und setzen Sie sich nicht unter Druck.

Notieren Sie, was Ihnen auffällt, wenn Sie alles auf einmal sehen

Zum Beispiel:

- Zubehör eines lang vergessenen Hobbys wiedergefunden.
- Eine Kiste mit einer Sammlung ist wiederaufgetaucht.

Nehmen Sie jedes Teil in die Hand und behalten Sie nur das, was Sie glücklich macht

Gehen Sie nicht einfach davon aus, dass Sie nichts wegwerfen können, was mit Ihren Hobbys zu tun hat. Schauen Sie alles mit einem frischen Blick durch. Es kann gut sein, dass sich Ihr Geschmack geändert hat und einige Dinge keine Glücksgefühle mehr erzeugen.

Entsorgen Sie ehemalige Hobbys ohne schlechtes Gewissen!

Ob Kalligrafie-Set oder Utensilien zum Schmuckbasteln: Wenn das Zubehör ehemaliger Hobbys keine Glücksgefühle mehr in Ihnen auslöst, bedanken Sie sich für die Erfahrung und trennen Sie sich kurzerhand davon. Wenn Ihnen das zu schwer fällt, können Sie die Dinge auch zu der Kategorie «Erinnerungsstücke» legen, mit der wir uns ab Seite 129 beschäftigen.

Wenn etwas nicht glücklich macht, bedanken Sie sich und trennen Sie sich davon

Wie viel war's?

Zum Beispiel: ein Strickset, Skizubehör von vor 20 Jahren …

Alles, was Sie behalten haben, so verstauen, dass es glücklich macht

Da die Dinge, die Sie behalten haben, zu Hobbys gehören, die Sie glücklich machen, sollten Sie sie auch beim Verstauen entsprechend sorgsam behandeln. Stopfen Sie auf keinen Fall einfach alles in eine Kiste! Stellen Sie die Dinge so auf, dass Sie sie immer sehen können, oder räumen Sie sie leicht zugänglich in Schubladen oder Mappen ein. So wird Ihnen beim Öffnen immer warm ums Herz.

Maximaler Glücksfaktor!

Wohlfühlgegenstände so aufbewahren, dass sie sich selbst wohlfühlen

Verstauen Sie Dinge wie Aromaöl und Stofftiere, die zum Entspannen und Wohlfühlen beitragen, so, dass diese sich selbst wohlfühlen können. Verwenden Sie Körbe oder Stoffe aus Naturmaterialien und schaffen Sie eine entspannte Umgebung, um die Wirksamkeit dieser Utensilien zu intensivieren.

KÜCHEN-UTENSILIEN UND LEBENSMITTEL

Wie glücklich eine Küche macht, steht und fällt damit, wie einfach sie zu reinigen ist.

Alleine, dass die Küche sauber geputzt ist und nichts auf der Spüle herumsteht, sorgt dafür, dass man sich viel lieber in ihr aufhält und die Arbeit flott von der Hand geht.

Beginnen Sie zunächst damit, alle Dinge in Ihrer Küche in die untenstehenden drei Kategorien einzuteilen. Auch wenn die Menge an Dingen riesig sein mag – die Begeisterung, wenn Sie mit dem Ausmisten fertig sind, wird ebenso riesig sein. Lassen Sie sich von Ihrer Vorfreude motivieren!

Teilen Sie alles in diese drei Kategorien ein und notieren Sie, was Ihnen auffällt

Da sich in der Küche die verschiedensten Dinge ansammeln, teilen wir sie in drei Kategorien auf, um uns die Arbeit zu erleichtern: Geschirr und Besteck kommt in die Kategorie «Esswerkzeug», Töpfe, Pfannen und alles, was man bei der Zubereitung benötigt, fallen unter «Kochutensilien», Trockenwaren, Süßigkeiten und andere Lebensmittel, die bei Zimmertemperatur aufbewahrt werden können, kommen in die Kategorie «Lebensmittel». Achten Sie auch beim Verstauen darauf, dass diese drei Kategorien nicht durcheinandergeraten.

Geschirr	Kochutensilien	Lebensmittel
Zum Beispiel: • Das Besteck für Gäste nimmt viel Platz weg. • Teilweise Geschirr in Geschenkverpackung aufgetaucht.	Zum Beispiel: • Der Boden vom Stieltopf ist total verbrannt. • Wir besitzen insgesamt drei Schöpfkellen.	Zum Beispiel: • Diverse abgelaufene Saucen. • Sehr viele Dosen und Trockenwaren.

Andere Dinge kommen in die Kategorie «Sonstiges»

Alles, was sich nicht in diese drei Kategorien einsortieren lässt, so wie Lunchboxzubehör, Küchentücher, Tüten, Frischhalte- und Alufolie, Aufbewahrungsdosen oder Spülmittel, wird in der Kategorie «Sonstiges» zusammengefasst und auf Seite 116 behandelt.

Hat sich bei Ihnen nicht auch einiges angesammelt, was Sie gar nicht benutzen?

Nehmen Sie jedes Teil in die Hand und behalten Sie nur das, was Sie glücklich macht

In einem Haushalt mit viel Geschirr ist das sicherlich keine leichte Aufgabe, aber nehmen Sie dennoch jedes Teil einzeln in die Hand und unterziehen Sie es dem Glücks-Check. Zusätzlich ist jetzt die perfekte Gelegenheit, die Geschirrschränke gründlich durchzuputzen. Falls Sie bei der Menge an Dingen zwischendurch nicht mehr weiterwissen sollten, gehen Sie die folgende Checkliste durch und trennen Sie sich von allem, was Sie in Zukunft nicht verwenden werden. Selbstverständlich müssen Sie die Dinge nicht wegwerfen, sondern können sie auch auf einem Flohmarkt oder im Internet verkaufen.

Checkliste, falls Sie nicht weiterkommen

- ☐ Wann habe ich es das letzte Mal benutzt?
- ☐ Wie oft benutze ich es?
- ☐ Habe ich Dinge, die mich glücklich machen, die ich aber nicht benutze?
- ☐ Gibt es beschädigtes Geschirr, das ich immer ignoriere?

Originalverpacktes Geschirr benutzt man nie

Haben Sie nicht auch irgendwo noch originalverpackte Teller oder Weingläser herumstehen, die Sie mal geschenkt bekommen haben? Holen Sie sie jetzt aus ihren Verpackungen, sonst benutzen Sie sie nie. Falls diese Dinge Sie glücklich machen, räumen Sie sie zusammen mit Ihrem Alltagsgeschirr ein und verwenden Sie sie nach Herzenslust!

Wenn etwas nicht glücklich macht, bedanken Sie sich und trennen Sie sich davon

Wie viel war's?

Zum Beispiel: zehn große und zehn kleine Teller, ein Tee-Set für zwei Personen

Die Dinge, die Sie behalten haben, so verstauen, dass es glücklich macht

Sortieren Sie Ihr Geschirrregal nach Material wie Glas oder Porzellan und bestimmen Sie gleichzeitig Bereiche für «alles, woraus man trinkt», wie Gläser oder Becher, und «alles, wovon man isst», wie Teller oder Schüsseln. Falls der Platz auf den Regalbrettern nicht ausreicht, behelfen Sie sich mit Schrankeinsätzen.

Besteck bekommt eine Sonderbehandlung

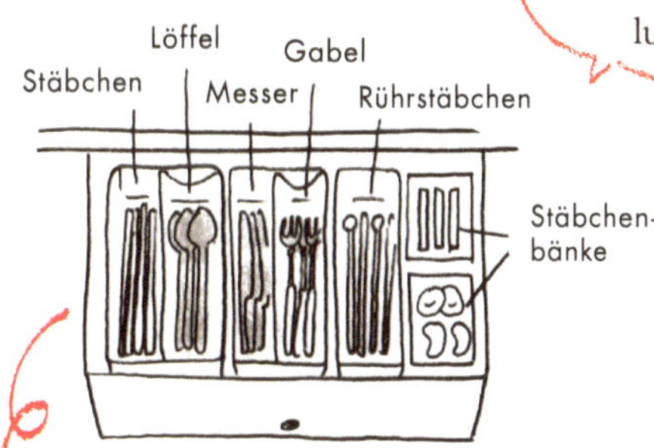

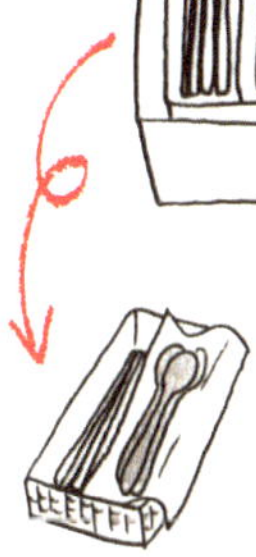

Da wir Besteck direkt in den Mund nehmen, sollten wir ihm eine Sonderbehandlung angedeihen lassen. Das steigert den Glücksfaktor im Alltag enorm! Bewahren Sie in der Schublade alle Besteckkategorien voneinander getrennt auf, entweder mithilfe eines Besteckkastens oder durch ein entsprechend gefaltetes Stück Stoff. Geben Sie dem Besteck die Möglichkeit, sich auszuruhen.

Nehmen Sie jedes Teil in die Hand und behalten Sie nur das, was Sie glücklich macht

Machen Sie mit Töpfen und Pfannen, Rührschüsseln, Schöpfkellen und anderen Kochutensilien den Glücks-Check und berücksichtigen Sie dabei nicht nur äußerliche Aspekte wie das Design: Etwas kann auch glücklich machen, indem es gut in der Hand liegt, gut schneidet oder auf andere Weise benutzerfreundlich ist.

Auch abgenutzte Dinge können glücklich machen

Sie müssen sich nicht dazu durchringen, alte, abgenutzte Dinge wie zum Beispiel einen hölzernen Spatel, dessen Ecken schon ganz abgerundet sind, wegzuwerfen, wenn Sie diese gerne verwenden. Werkzeuge, denen man vertrauen kann, machen definitiv glücklich.

Nehmen Sie auf Vorrat gekaufte Utensilien jetzt in Gebrauch

Falls Sie noch unbenutzte, auf Vorrat gekaufte Küchenhelfer wie Kochlöffel oder Teigschaber herumliegen haben, ersetzen Sie gegebenenfalls alte Exemplare damit. Mit neuen Utensilien zu kochen, sorgt für frischen Wind in der Küche und erhöht das Glücksgefühl!

Wenn etwas nicht glücklich macht, bedanken Sie sich und trennen Sie sich davon

Wie viel war's?

Zum Beispiel: eine Bratpfanne, zwei Siebe etc.

Die Dinge, die Sie behalten haben, so verstauen, dass es glücklich macht

Bewahren Sie Schöpfkelle, Pfannenwender und Co. stehend in einem Utensilienhalter auf oder verstauen Sie sie so in einer Schublade, dass nichts übereinanderliegt. Töpfe und Pfannen räume ich am liebsten ineinander gestapelt unter der Spüle ein.

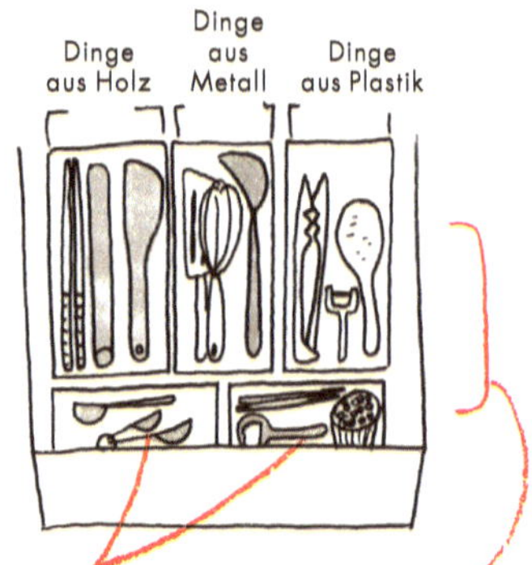

Kleinkram
Nachdem Sie für Ihre Kochutensilien einen festen Ort bestimmt haben, schaffen Sie dort auch einen kleinen Bereich für Küchen-Krimskrams wie Korkenzieher oder Zahnstocher.

Küchenutensilien
Falls Sie die Küchenutensilien in einer Schublade verstauen, sorgen Sie mithilfe von Abtrennungen dafür, dass diese nicht durcheinandergeraten. Sortieren Sie nach Material oder schaffen Sie eigene Kategorien, damit sich die Gegenstände ausruhen können.

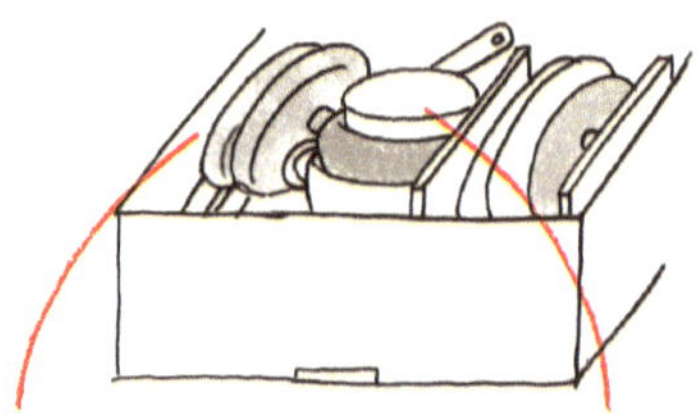

Topfdeckel
Da sich Topfdeckel schwer stapeln lassen, nehmen Sie einen Regaleinsatz oder Buchstützen zu Hilfe, um sie stehend verstauen zu können. So sieht es gleich viel ordentlicher aus!

Töpfe und Pfannen
Stapeln Sie alles ineinander, was sich ineinander stapeln lässt, und nutzen Sie so die gesamte Höhe aus, die Ihnen zur Verfügung steht. Falls Sie einen Bratpfannenständer besitzen, können Sie Pfannen auch senkrecht einräumen.

Nehmen Sie jedes Teil in die Hand und behalten Sie nur das, was Sie glücklich macht

Abgelaufene Lebensmittel können ohne weitere Prüfung in die Tonne wandern. Falls Sie bei noch haltbaren Dingen unschlüssig sind, entscheiden Sie danach, ob Ihnen das Kochen damit Spaß macht oder ob diese Zutaten für Ihre Gesundheit oder die Ihrer Familie wirklich förderlich sind.

Schaffen Sie sich einen Tag, an dem Sie alle Produkte mit nahendem Ablaufdatum verbrauchen

Falls Sie viele Vorräte haben, deren Ablaufdatum kurz bevorsteht, legen Sie einen Tag fest, an dem Sie alles auf einmal verbrauchen. Sie werden wahrscheinlich noch nie dagewesene, spannende neue Menüs kreieren!

Wenn etwas nicht glücklich macht, bedanken Sie sich und trennen Sie sich davon

Wie viel war's?

Zum Beispiel: zehn abgelaufene Lebensmittel

Die Dinge, die Sie behalten, so verstauen, dass Sie Freude daran haben

Sortieren Sie alles nach Kategorien, wie zum Beispiel Würzmittel, Trockenprodukte, Dosen, Fertigprodukte, Reis und Nudeln, Süßigkeiten oder Nahrungsergänzungsmittel (bzw. Medikamente zum Einnehmen), und versuchen Sie nach Möglichkeit, alles stehend zu verstauen, um einen besseren Überblick über Ihre Vorräte zu bekommen. Falls es gar nicht so viel ist, können Sie es auch bei einer groben Einteilung belassen, zum Beispiel nach Dingen in Tüten und Dingen in Schachteln.

Kaufen Sie nicht mehr, als hier hineinpasst

Tüten in einheitliche Gefäße umzufüllen, erhöht den Glücksfaktor!

Füllen Sie Nüsse, Trockenfrüchte, Tee oder andere Dinge, die man tütenweise kauft, in Schraubdosen oder andere Behälter um, um den Glücksfaktor zu steigern. Wenn mehrere solcher Behältnisse im Regal nebeneinanderstehen, wandert der Blick automatisch dorthin, und man vergisst nicht mehr, den Inhalt auch zu benutzen.

Sonstiges

Sammeln Sie alle sonstigen Dinge zusammen und notieren Sie, was Ihnen auffällt, wenn Sie alles auf einmal sehen

Zum Beispiel:

- Große Vorräte an Frischhaltefolie.
- Ziemlich viele gammlige Vorratsdosen.

Nehmen Sie jedes Teil in die Hand und behalten Sie nur das, was Sie glücklich macht

Wenn Sie viele Ausführungen der gleichen Dinge besitzen oder einen Gegenstand überhaupt nicht benutzen, trennen Sie sich davon. Einige Dinge wie Partypikser oder Muffinförmchen häufen sich gerne an, weil man denkt, man könnte sie irgendwann noch einmal gebrauchen. Manchmal muss man so etwas einfach gesammelt entsorgen.

Schaffen Sie sich in der Küche Ihre persönlichen Kategorien

Falls es Dinge gibt, die Sie in der Küche benötigen, auch wenn sie nicht direkt mit dem Kochen zu tun haben, sei es eine Pflanzenschere oder Schreibutensilien zum Notieren von Rezepten, können Sie diese selbstverständlich auch dort aufbewahren. Schaffen Sie sich einfach Ihre eigene Kategorie dafür.

Wenn etwas nicht glücklich macht, bedanken Sie sich und trennen Sie sich davon

Wie viel war's?

Zum Beispiel: zwei alte Schwämme, drei Lappen

Die Dinge, die Sie behalten haben, nach Kategorien verstauen

Verstauen Sie die Dinge der Kategorie «Sonstiges» wie bisher auch, indem Sie ähnliche Dinge in Gruppen zusammenfassen. Gehen Sie hier der Reihe nach vor, nachdem Sie die drei großen Kategorien «Geschirr», «Kochutensilien» und «Lebensmittel» fertig verstaut haben.

Backutensilien und Lunchboxzubehör

Da kleine Dinge wie Muffinförmchen, Partypikser und sonstiges Back- und Lunchboxzubehör schnell durcheinandergeraten, arbeiten Sie hier mit vielen kleinen Unterteilungen. Sie können diese Dinge auch in Schachteln verstauen und zusammen in einer Ecke aufbewahren.

Alles aus Stoff

Geschirrtücher, Wischlappen und Ähnliches falten wir so, dass sie stehen. Platzsets oder Tischdecken können Sie rollen, falten oder aufeinanderstapeln, je nachdem, was am besten funktioniert. Legen Sie auch Schürzen zusammen und bewahren Sie sie bei den anderen Dingen aus Stoff auf.

Tüten

Legen Sie Plastiktüten flach hin, falten Sie sie zu einem länglichen Rechteck und bewahren Sie sie stehend in einer kleinen Schachtel auf. So müssen Sie nicht befürchten, dass sich zu viele davon ansammeln. Um diesem Problem auch bei Papiertragetaschen vorzubeugen, sammeln Sie diese in einer Tragetasche, die eine Nummer kleiner ist, als Sie eigentlich wollten.

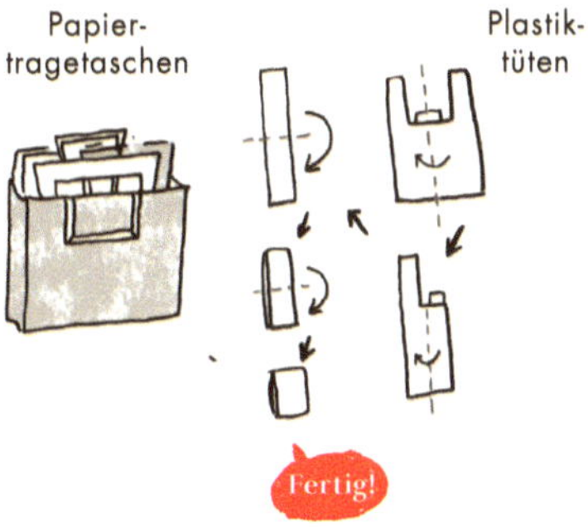

Frischhalte- und Alufolie

Wenn die Verpackungen dieser Folien keine Glücksgefühle in Ihnen auslösen, bedienen Sie sich eines Tricks, um sie nicht sehen zu müssen: Räumen Sie sie unter der Spüle stehend ein oder befestigen Sie spezielle Halterungen an der Innenseite einer Schranktür. Wenn der Anblick der Halterung Sie glücklich macht, können Sie diese natürlich auch sichtbar in der Küche anbringen.

Frischhalteboxen

Hierzu gehören nicht nur die klassischen Dosen aus Plastik oder Glas, sondern auch Flaschen oder Metalldosen zur Aufbewahrung von Lebensmitteln. Falls diese ineinanderpassen, nehmen Sie die Deckel ab, stapeln die Dosen ineinander und bewahren die Deckel stehend daneben auf.

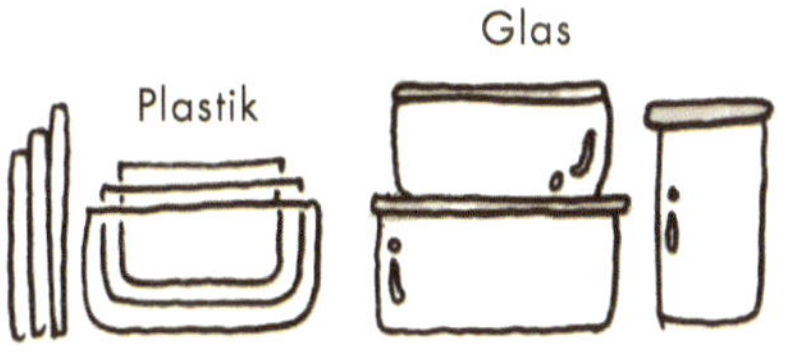

Alles zum Geschirrspülen

Um Kalkflecken auf der Spüle zu vermeiden, empfehle ich Ihnen, Spülmittel, Schwämme etc. unter der Spüle oder in einem Korb an der Innenseite der Tür des Spülschranks aufzubewahren. Sollte der Schwamm allerdings in Dauergebrauch sein, können Sie ihn auch auf der Spüle liegen lassen.

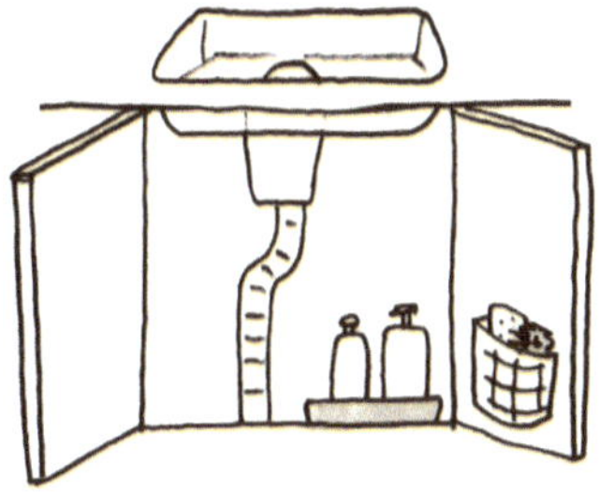

Der Kühlschrank kann eingeräumt bleiben

Da die Lebensmittel im Kühlschrank leicht verderben, müssen Sie nicht alle auf einmal herausnehmen. Schauen Sie den Kühlschrankinhalt kurz durch und entsorgen Sie alles, was seine besten Zeiten hinter sich hat. Lassen Sie ungefähr ein Drittel Platz für mögliche Reste des Tages und verstauen Sie die anderen Lebensmittel nach Kategorien getrennt. Füllen Sie alles, was sich in Plastikverpackungen befindet, in Gläser oder Frischhaltedosen um.

Gibt es noch Kleinkram, der übrig ist?

Herzlichen Glückwunsch, Sie haben es geschafft! Sie haben den typischen Kleinkram, der im Haus anfällt, aufgeräumt. Fühlt es sich nicht schon viel ordentlicher an? Doch so vielfältig wie das Leben der Menschen ist, gibt es auch noch jede Menge anderen Kleinkram, der in keine der bisherigen Kategorien passt. Vermutlich sind auch bei Ihnen solche Dinge aufgetaucht: Diesen widmen wir uns jetzt zum Schluss.

Ich stelle Ihnen hier einige Klassiker vor, die typischerweise übrig bleiben, doch wenn Sie noch weitere Reste haben, teilen Sie diese in weitere Kategorien ein oder fassen Sie sie einfach unter dem Sammelbegriff «Sonstiges» zusammen. Die Hauptsache ist, dass kein Gegenstand mehr ohne festen Aufbewahrungsort bleibt.

Notieren Sie, was Ihnen auffällt, wenn Sie alles auf einmal sehen

Zum Beispiel:

- Unzählige Billigregenschirme.
- Eine Menge Souvenir-Schlüsselanhänger.

Versammeln Sie alle übrigen Dinge an einem Ort

Die hier aufgeführten Beispiele für noch übrig gebliebenen Kleinkram sind mir in meinen Aufräumcoachings besonders häufig begegnet. Ich zeige Ihnen, wie Sie entscheiden, was Sie behalten und wie Sie diese Dinge dann verstauen. Orientieren Sie sich daran, um bei Ihrem Krimskrams ein und für alle Mal Ordnung zu schaffen!

Bettwäsche
Nehmen Sie Laken, Kissenbezüge etc. nicht nur in die Hand, sondern unterziehen Sie sie während des Glücks-Checks auch einem Geruchs-Check. Bettwäsche, die lange unbenutzt im Schrank liegt, kann einen muffigen Geruch entwickeln, daher sollten Sie sie einsetzen, bevor das passiert. Holen Sie sie jetzt aus ihrem Schlaf und lassen Sie sie atmen.

Utensilien für Freizeitaktivitäten
In diese Kategorie fällt eine Vielzahl von Dingen, zum Beispiel Sportgeräte oder Campingzubehör. Behalten Sie wirklich nur das, was Sie auch mehrmals im Jahr benutzen und Glücksgefühle in Ihnen auslöst. Stopfen Sie diese Dinge nicht einfach in irgendwelche Plastiktüten, sondern verstauen Sie sie in hübschen Kartons oder Beuteln.

Gästematratze

Gästematratzen, die Ewigkeiten unbenutzt im Keller versauern, können schimmeln oder einen muffigen Geruch annehmen. Da man sie sich auch leihen kann, fragen Sie sich, wie oft Sie wirklich Übernachtungsgäste empfangen, und entsorgen Sie die Matratze, falls die Antwort «selten» bis «gar nicht» lautet. Wenn Sie die Matratze aufbewahren, lassen Sie sie nicht einfach so herumliegen, sondern decken Sie sie mit einem Laken ab, das Ihnen besonders gut gefällt. Behandeln Sie sie genauso respektvoll wie Ihre Gäste.

Deko für besondere Anlässe

Bei Dekorationsgegenständen für Feste wie Weihnachten, Halloween oder Ostern, behalten Sie nur das, bei dem Sie sich denken: «Damit würde ich auch nächstes Jahr gerne wieder mein Zuhause dekorieren!» Verstauen Sie die Dinge nach Thema sortiert in Kartons oder Kleidungsboxen und fragen Sie sich bei jedem Gebrauch aufs Neue, ob die Dinge Sie immer noch glücklich machen.

Notfallausrüstung
Jetzt ist die perfekte Gelegenheit für eine gründliche Überprüfung Ihrer Notfalltasche mit Hygiene-Set, Medikamenten, Taschenlampe etc., falls Sie so etwas zusammengestellt haben. Sehen Sie den Inhalt einzeln durch und bewahren Sie die Tasche in einer Kommode im Eingangsbereich oder in einem Schrank im Schlafzimmer auf. Beziehen Sie auch Ihre Familie mit ein, damit alle Bescheid wissen.

Glücksbringer
In Japan kaufen wir an Tempeln und Schreinen Glücksbringer, die man bei sich trägt. In der japanischen Tradition würde man sie nach einem Jahr zum Tempel oder Schrein zurückbringen, um sie dort rituell verbrennen zu lassen. Falls Sie auch Glücksbringer zu Hause haben, stellen Sie diese auf ein Regal oder ein anderes erhöhtes Möbelstück und schaffen Sie sich so Ihren eigenen kleinen Schrein.

Regenschirme
Grundsätzlich sollte man so viele Regenschirme besitzen, wie es Familienmitglieder gibt. In den meisten Haushalten sammeln sich allerdings deutlich mehr an. Da sich Schirme mit der Zeit verfärben und die Metallstreben rosten können, spannen Sie während des Glücks-Checks alle einmal auf.

Schlüssel- und Handyanhänger
Schlüsselanhänger oder Anhänger für alte Handymodelle hat man oft nicht selbst gekauft, sondern als Souvenir oder Werbegeschenk geschenkt bekommen. Da so etwas häufig «einfach nur so» aufgehoben wird, entsorgen Sie alles, was Sie nicht mehr glücklich macht.

Kuscheltiere
Selbst, wenn sie nicht mehr glücklich machen, fällt uns das Wegwerfen von Kuscheltieren wahnsinnig schwer. Da wir beinahe ihre Blicke zu spüren vermeinen und sie uns fast wie Lebewesen erscheinen, empfehle ich, sie in eine Papiertüte zu stecken und wie in einem shintoistischen Reinigungsritual etwas Salz mit hineinzugeben. Wenn Sie sie mit einer kleinen Abschiedszeremonie entsorgen, fällt das Loslassen leichter. Legen Sie Stofftiere, bei denen Ihnen die Entscheidung schwerfällt, für die Kategorie «Erinnerungsstücke» (ab Seite 129) zur Seite.

Knöpfe
Einigen Kleidungsstücken werden Ersatzknöpfe beigelegt, für den Fall, dass sich einer löst und verloren geht. Aber seien Sie ehrlich: Haben Sie jemals einen dieser Ersatzknöpfe gebraucht und tatsächlich angenäht? Entsorgen Sie alle Knöpfe, die Sie «einfach nur so» aufheben. Wenn etwas glücklich macht, wandert es in die Nähkiste.

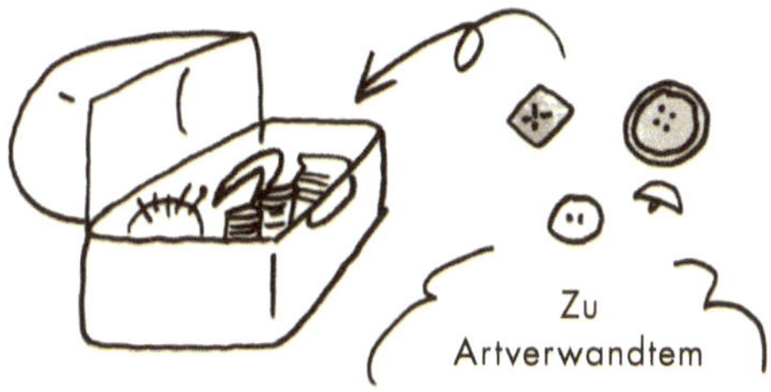

Bewahren Sie leere Schachteln und Kartons bis zum Schluss auf

Entsorgen Sie noch keine Kisten und Schachteln, die im Zuge des Entrümpelns leer geworden sind. Diese können Sie immer noch als Ordnungshelfer in Schränken und Schubladen verwenden. Wenn Sie mit dem Einsortieren der Erinnerungsstücke (ab Seite 129) fertig sind, überprüfen Sie noch mal, ob alles final gut aufbewahrt ist. Auch hier können diese Schachteln noch nützlich werden.

Das Aufräumen des Kleinkrams ist geschafft. Notieren Sie Ihre Eindrücke.

Sie haben es geschafft: Sie haben den Kleinkram vollständig ausgemistet und aufgeräumt. Vielleicht hatten Sie zwischendurch Sorge, dass Sie jemals fertig werden, aber Sie haben das ganz hervorragend gemeistert. Wenn während des Aufräumens Dinge aufgetaucht sind, die Sie glücklich machen, für die Sie aber keine konkrete Verwendung haben, seien Sie kreativ und verschönern Sie Ihren Wohnraum damit, indem Sie diese Dinge sichtbar platzieren, aufhängen oder irgendwo befestigen. Verzieren Sie beispielsweise die Gardinenstange mit Schlüsselanhängern oder kleben Sie Postkarten und Stücke eines Lieblingsstoffs an die Innenseite Ihrer Kleiderschranktür. Wenn Sie damit fertig sind, lassen Sie Ihren Blick durch die Zimmer schweifen, machen Sie Fotos und notieren Sie, wie es Ihnen jetzt geht, solange die Gefühle noch frisch sind.

Kleinkram aufräumen Wie war's?

Denken Sie noch einmal an den Anfang zurück, als Sie sich mit Ihrer Kleidung auseinandergesetzt haben. Vermutlich hat sich nun, nach dem Aufräumen von so viel Kleinkram, auch Ihr Bewusstsein für Dinge im Allgemeinen verändert. Notieren Sie, was diese Veränderung ausmacht.

Fassen Sie Ihre jetzige Stimmung in einem Wort oder Satz zusammen:

Warum empfinden Sie so?

Gibt es Dinge, die Sie in Bezug auf Kleinkram in Zukunft anders machen möchten?

Zum Beispiel: Aufpassen, dass ich nicht zu viele Vorräte ansammle!

Gibt es etwas, das Sie beim Aufbewahren von Kleinkram in Zukunft anders machen möchten?

Zum Beispiel: Ich möchte schlichte, aufeinander abgestimmte Schachteln und Kisten verwenden..

Motivieren Sie sich für die nächste Kategorie, die Erinnerungsstücke:

Seite 123

Nachdem Sie gerade die Mammutaufgabe des Kleinkram-Aufräumens hinter sich gebracht haben, notieren Sie spontan ein Wort, das Ihnen dazu in den Sinn kommt.

Kleinkram aufräumen Wie war's?

Denken Sie noch einmal an den Anfang zurück, als Sie sich mit Ihrer Kleidung auseinandergesetzt haben. Vermutlich hat sich nun, nach dem Aufräumen von so viel Kleinkram, auch Ihr Bewusstsein für Dinge im Allgemeinen verändert. Notieren Sie, was diese Veränderung ausmacht.

Fassen Sie Ihre jetzige Stimmung in einem Wort oder Satz zusammen:

Befreit

Warum empfinden Sie so?

Herrlich, wie ordentlich jetzt vor allem die ehemals so chaotischen Schubladen und Regale sind! Ich fühle mich wie neugeboren!

Gibt es Dinge, die Sie in Bezug auf Kleinkram in Zukunft anders machen möchten?

Zum Beispiel: Aufpassen, dass ich nicht zu viele Vorräte ansammle!

Make-up neu kaufen!

Ich möchte den Kleinkram in der Küche immer schön sauber halten.

Gibt es etwas, das Sie beim Aufbewahren von Kleinkram in Zukunft anders machen möchten?

Zum Beispiel: Ich möchte schlichte, aufeinander abgestimmte Schachteln und Kisten verwenden..

Ich möchte den Platz unter dem Waschbecken und dem Herd noch etwas sinnvoller nutzen.

Ich würde die Aufbewahrung in offenen Regalen gerne so optimieren, dass sie sich auch leicht putzen lassen.

Motivieren Sie sich für die nächste Kategorie, die Erinnerungsstücke:

Ich werde den Fotokarton sehr sorgfältig durchgehen und dann ein Album nur mit den Bildern zusammenstellen, die mich glücklich machen!

123

Wie sich der Wohnraum
erkennt man besonders
Ausgangszustands und

Machen Sie ein Foto von einer Schublade oder einem Regal, das Sie besonders glücklich macht.

126

Blicken Sie hier noch einmal zurück, wie Sie bisher mit Kleinkram umgegangen sind, und machen Sie sich Gedanken darüber, wie Sie in Zukunft – auch in Bezug auf Stauraum – vorgehen und das Gelernte anwenden wollen.

Seite 125–126

Machen Sie ein Foto einer Schublade oder eines Regals, in dem nur Dinge stehen, die Sie glücklich machen, und kleben Sie es hier ein.

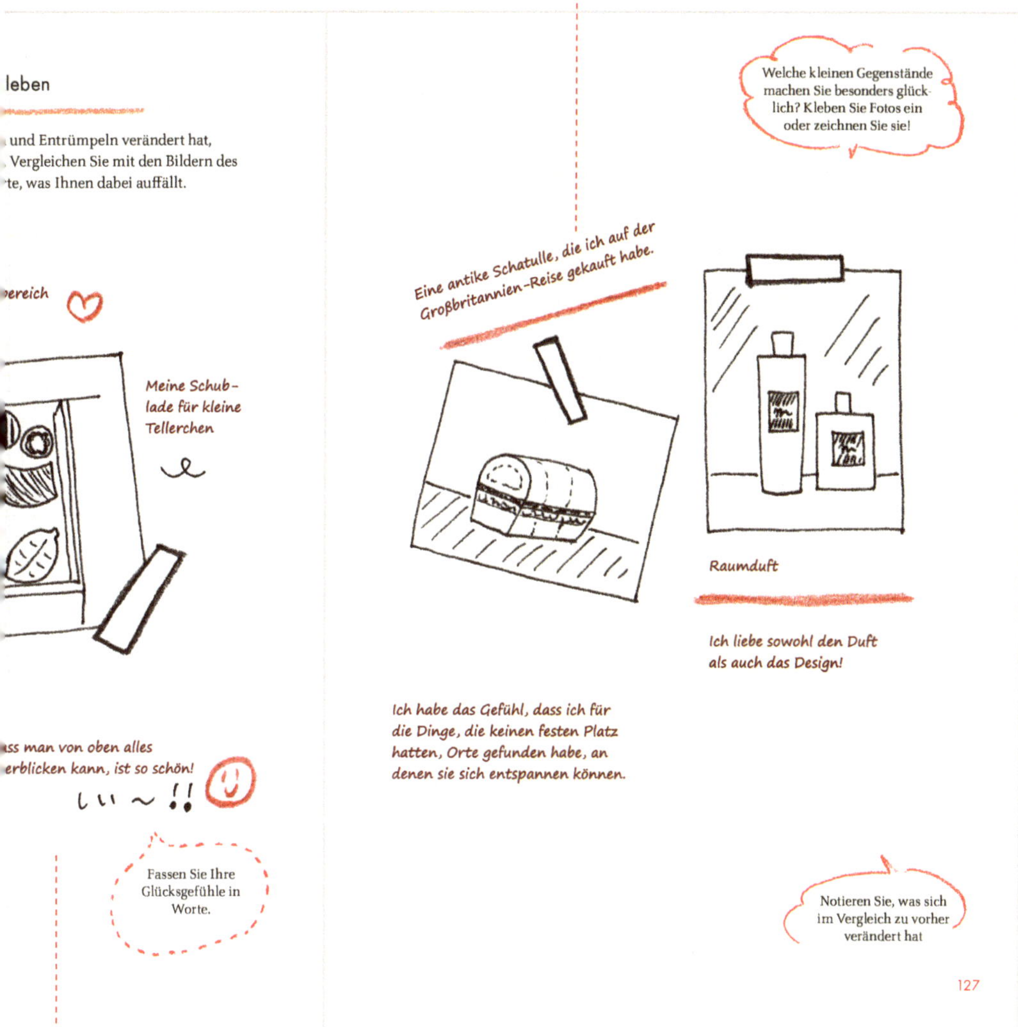

Was ist Ihr Lieblingsteil aus der Kategorie «Kleinkram»? Sie müssen sich nicht auf ein Stück beschränken. Schreiben oder zeichnen Sie es oder kleben Sie Fotos ein.

Fotos einkleben

Wie sich der Wohnraum nach dem Ausmisten und Entrümpeln verändert hat, erkennt man besonders gut anhand von Fotos. Vergleichen Sie mit den Bildern des Ausgangszustands und fassen Sie auch in Worte, was Ihnen dabei auffällt.

Machen Sie ein Foto von einer Schublade oder einem Regal, das Sie besonders glücklich macht.

Fassen Sie Ihre Glücksgefühle in Worte.

Welche kleinen Gegenstände machen Sie besonders glücklich? Kleben Sie Fotos ein oder zeichnen Sie sie!

Notieren Sie, was sich im Vergleich zu vorher verändert hat

Kapitel 6

Erinnerungsstücke aufräumen

Das Chaos-Ende naht mit großen Schritten! Wir widmen uns nun der Kategorie, bei der die Entscheidung «wegwerfen oder behalten» am schwersten fällt: den Erinnerungsstücken. Schließlich stecken diese Dinge voller Emotionen. Doch Sie brauchen sich keine Sorgen zu machen, Sie sind in der richtigen Reihenfolge – Kleidung, Bücher, Papiere, Kleinkram – vorgegangen und können Ihrem Urteilsvermögen inzwischen voll und ganz vertrauen. Entrümpeln Sie mit Ihren Magic-Cleaning-Fähigkeiten die Dinge aus Ihrer Vergangenheit gründlich. Ihnen wird leicht ums Herz werden!

Tragen Sie hier Start- und Endzeitpunkt ein.

Start ____________	
Tag / Monat / Jahr / Uhrzeit	
Ende ____________	
Tag / Monat / Jahr / Uhrzeit	

Grundsätzlich nehmen wir jedes Teil in die Hand, um zu entscheiden, ob wir es behalten. Doch hier, in dieser letzten Kategorie, können Sie die Dinge beim Entrümpeln auch einer genaueren Prüfung unterziehen. Setzen Sie sich gründlich mit ihnen auseinander, um später nichts zu bereuen.

1 An einer Stelle sammeln

Suchen Sie im gesamten Haus alle persönlichen Erinnerungsstücke zusammen, die jetzt noch übrig geblieben sind, und versammeln Sie sie an einem Ort

Denken Sie auch an die Dinge, die Sie beim Ausmisten von Kleidung und Kleinkram beiseitegelegt haben, und holen Sie selbst aus den hintersten Ecken all die Dinge hervor, die sich der Kategorie «Erinnerungsstücke» zuordnen lassen. Da Fotos die Angewohnheit haben, an allen möglichen Stellen überraschend aufzutauchen, nehmen wir sie uns ganz zum Schluss vor. Sammeln Sie sie daher vorläufig in einer Kiste oder einem anderen Behälter.

2 Das behalten, was glücklich macht

Schauen Sie sich bei Erinnerungsstücken ruhig auch den Inhalt an

Das Gefühl, dass man wichtige Erinnerungen verliert, wenn man etwas wegwirft, kann einem beim Glücks-Check Steine in den Weg legen. Doch machen Sie sich bewusst, dass Sie die Erinnerungen schon in Ihrem Herzen bewahrt haben. Nehmen Sie sich ruhig die Zeit, in Tagebücher oder Briefe hineinzuschauen, um dann mit Bedacht ein Urteil zu fällen.

Beispiele für Kategorien und die richtige Reihenfolge für den Glücks-Check

Dies hier ist ein Beispiel dafür, in welche Kategorien Sie Ihre Erinnerungsstücke einteilen und in welcher Reihenfolge Sie beim Glücks-Check vorgehen können. Am besten beginnen Sie mit Dingen, die nur Sie betreffen und von denen Sie nicht so viele besitzen. Ändern Sie die Reihenfolge daher gerne so, wie es für Sie am einfachsten ist. Bei Fotos ist die Wahrscheinlichkeit groß, dass diese auch Ihre Familie betreffen, daher gehen Sie diese zum Abschluss der Ausmist- und Entrümpelaktion gemeinsam durch.

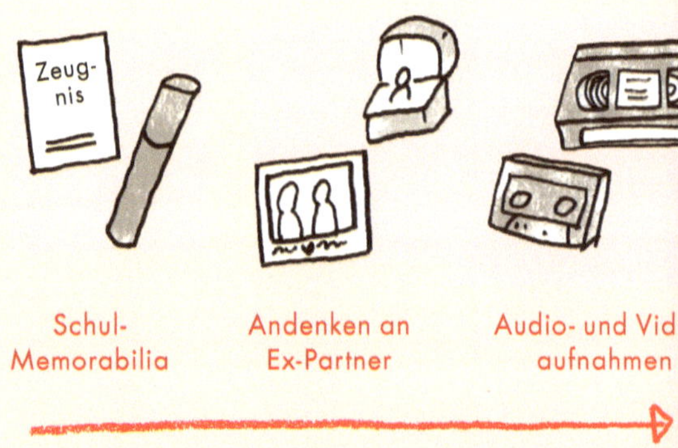

an Rückfälle ermeidet

Erinnerungsstücke, die Sie glücklich machen, bringen auch Ihre Zukunft zum Strahlen

3 Verstauen

Bewahren Sie die Erinnerungsstücke, die Sie glücklich machen, so auf, dass Sie sie immer sehen können

Stellen Sie alle Dinge, die Sie behalten haben, offen aus, sodass Sie sie jederzeit sehen und die damit verbundenen Glücksgefühle spüren können. Richten Sie sich zum Beispiel eine besondere Schublade ein oder dekorieren Sie Ihre Wände mit Ihren Erinnerungsstücken. Und sollten Sie die Dinge doch in einer Kiste unterbringen, sorgen Sie nach Möglichkeit dafür, dass deren Design Sie glücklich macht.

Wie Sie entscheiden, was Sie behalten wollen

Vertrauen Sie Ihrem Urteilsvermögen

Haben Sie Vertrauen in Ihr Glücksgefühl. Sie haben jetzt schon so viel ausgemistet und sich dabei unzählige Male die Frage gestellt, ob etwas Sie glücklich macht oder nicht, da wird Ihnen hier kein gravierender Fehler mehr passieren. Gehen Sie selbstbewusst an die Aufgabe heran!

Denken Sie an Ihr zukünftiges Ich

Wenn Sie etwas behalten, soll es auch mit Leben gefüllt werden. Setzen Sie sich mit Ihren Erinnerungsstücken gründlich auseinander und fragen Sie sich, ob diese auch Ihr zukünftiges Ich glücklich machen werden.

Alle Erinnerungsstücke aufräumen (außer Fotos)

Mit Sicherheit schrecken einige Menschen davor zurück, Dinge wegzuwerfen, die voller Erinnerungen stecken. Doch die wirklich bedeutsamen Erinnerungen gehen auch dann nicht verloren, wenn man die damit verbundenen Gegenstände entsorgt.

Ausmisten von Erinnerungsstücken bedeutet, sich mit seiner Vergangenheit auseinanderzusetzen und so Ordnung zu schaffen. Nehmen Sie jeden Gegenstand in die Hand und behalten Sie nur die Dinge, die Ihr Leben in Zukunft zum Strahlen bringen werden. Ich empfehle Ihnen, die Fotos zurückzustellen (da diese ein wenig mehr Zeit benötigen) und alles möglichst in einem Rutsch durchzugehen. Betrachten Sie diese Aufgabe als großes Aufräum-Finale, das Ihnen einen Neustart im Leben ermöglicht.

Notieren Sie, was Ihnen auffällt, wenn Sie alles auf einmal sehen

Zum Beispiel:

- Grundschulzeugnisse wiedergefunden.
- Jede Menge Audio-Kassetten.
- Diverse Tagebücher, von denen es mir peinlich wäre, wenn sie jemand anderes lesen würde.

Vor wie vielen Jahren haben Sie die Kiste mit Erinnerungsstücken das letzte Mal geöffnet?

Nehmen Sie jedes Teil in die Hand und behalten Sie nur das, was Sie glücklich macht

Wir leben nicht im Gestern, sondern im Hier und Jetzt. Wichtiger als der Glanz der Vergangenheit ist daher die Frage, ob man jetzt beim Anblick eines Gegenstands Freude verspürt. Treten Sie in einen ehrlichen Dialog mit Ihrem Herzen.

Lesen Sie ruhig in Tagebüchern und Briefen

Als wir bei den Büchern ausgemistet haben, hieß es: Lesen verboten! Doch bei den Erinnerungsstücken ist es völlig in Ordnung, wenn Sie sich den Inhalt genauer anschauen. Wenn beim Lesen schmerzhafte Erinnerungen hochkommen, muten Sie sich nicht zu viel zu, sondern gewinnen Sie etwas Abstand, und widmen Sie sich dem Geschriebenen erst später mit einem erneuten Glücks-Check.

Wenn etwas nicht glücklich macht, bedanken Sie sich und trennen Sie sich davon

Wie viel war's?

Zum Beispiel: zwei Müllsäcke, ein Karton voll

WIE MAN ERINNERUNGSSTÜCKE AUFRÄUMT

Ich zeige Ihnen hier – in Kategorien gegliedert –, wie Sie Erinnerungsstücke überprüfen, wegwerfen und verstauen. Gehen Sie Schritt für Schritt vor, und fragen Sie sich immer wieder, ob diese Dinge für Ihr zukünftiges Ich wirklich notwendig sind.

Schul-Memorabilia

Sie müssen nicht alle Schulzeugnisse aufbewahren, es reicht eins, das besonders eindrucksvoll ist. Abschlusszeugnisse können in einer Mappe zusammengefasst werden. Behalten Sie Trophäen, Urkunden oder Medaillen nur, wenn diese Ihnen wirklich am Herzen liegen, und dekorieren Sie so damit, dass sie nicht zu viel Platz wegnehmen. Falls Sie eine Schuluniform besitzen, von der Sie sich nicht trennen können, ziehen Sie sie noch einmal an und schwelgen Sie in Erinnerungen, indem Sie einen Glücks-Check vor dem Spiegel machen. Den meisten Menschen fällt es im Anschluss erstaunlich leicht, die Uniform zu entsorgen.

Musik- und Tonaufnahmen

Wenn Sie bei DVDs und Blu-rays mit Videos von Reisen und Hochzeiten, selbst gebrannten CDs u. a. nicht mehr wissen, was genau darauf zu sehen bzw. zu hören ist, dürfen Sie sie auch abspielen – aber bitte nur den Anfang! Falls Sie Video- oder Audiokassetten finden, die für Sie einen großen sentimentalen Wert haben, obwohl Sie die Abspielgeräte nicht mehr besitzen, könnten Sie auch einen Digitalisierungsservice in Anspruch nehmen. Kümmern Sie sich in dem Fall umgehend darum, noch bevor Sie die Dinge wieder verstauen.

Andenken an Ex-Partner

Wenn Sie sich eine neue Beziehung wünschen, rate ich Ihnen, umgehend alle Erinnerungsstücke an ehemalige Partner zu entsorgen. Mit einer Ausnahme: Falls es sich um Accessoires oder Handtaschen handelt, die Sie auch jetzt noch im Alltag verwenden und nicht bewusst mit Erinnerungen verknüpfen, können Sie diese auch weiterhin benutzen. Falls Sie Dinge entsorgen, geben Sie als kleine Reinigungszeremonie etwas grobkörniges Salz dazu und bedanken Sie sich zum Abschied.

Dinge ins Elternhaus schicken: ein absolutes No-Go!

Denken Sie bitte nicht: «Ach, bei meinen Eltern ist ja Platz», um im Anschluss ein Paket mit Erinnerungsstücken zu packen und gen Elternhaus zu schicken. Erstens wird dieses Paket wohl nie geöffnet werden, und zweitens hindern Sie sich so selbst daran, sich mit Ihrer Vergangenheit auseinanderzusetzen.

Bloß nicht!

Aufzeichnungen

Eine Methode lautet, alle Tagebücher und Kalender durchzusehen und nur ein einziges aus einem großartigen, glücklichen Jahr zu behalten. Falls Dinge wie der Mutterpass oder ein Baby-Tagebuch auch heute noch Glücksgefühle in Ihnen auslösen, behalten Sie sie. Sollten Sie Eintrittskarten und ähnliche Erinnerungsstücke von Reisen aufbewahrt haben, basteln Sie daraus ein Album, damit Sie sich die Dinge immer wieder ansehen können.

Basteleien der Kinder

Wenn Sie es nicht übers Herz bringen, Dinge wegzuwerfen, die Ihre Kinder für Sie gebastelt haben, überlegen Sie sich, wie Sie sie liebevoller aufbewahren können. Richten Sie sich beispielsweise eine Ecke ein, in der Sie selbst gemalte Bilder aufhängen und Gebasteltes aufstellen, oder sammeln Sie sie in einer besonderen Kiste, die Sie ab und zu hervorholen und sich anschauen. Wenn Sie diesen Dingen Ihre volle Aufmerksamkeit schenken, kommt vielleicht auch eines Tages der Moment, in dem Sie sie loslassen können.

Briefe und Postkarten

Sehen Sie alle Briefe einzeln durch und entsorgen Sie die bedeutungslosen, nachdem Sie sie in einen sichtgeschützten Umschlag gesteckt haben. Die Briefe und Karten, bei denen Ihnen auch heute noch beim Lesen warm ums Herz wird oder die Ihnen Mut machen, sollten Sie sorgfältig behandeln. Bewahren Sie sie in einer Kiste an einem Ort auf, an dem sie keiner Feuchtigkeit ausgesetzt und vor Verfall geschützt sind.

Sonstiges

Knöpfen Sie sich die Dinge vor, die Sie in den Kategorien Kleidung und Kleinkram beiseitegelegt hatten, und entscheiden Sie, welche Sie glücklich machen. Es könnte gut sein, dass Sie überraschend klar in Ihrem Urteil sind und mit dem Entrümpeln zügig vorankommen. Wenn Dinge darunter sind, die Sie glücklich machen, nehmen Sie sich vor, diese zu benutzen und das Leben mit ihrer Hilfe zu genießen.

Erinnerungsstücke vermehren sich, daher misten Sie hier regelmäßig aus

Mit der Zeit werden sich die Erinnerungsstücke vermehren. Machen Sie sich bewusst, wenn Sie an etwas den Gefallen verloren haben, und entsorgen Sie es. Schaffen Sie eine Kiste an, in die reine Erinnerungsstücke ohne Funktion kommen. Schauen Sie ab und zu dort hinein und behalten Sie nur die Dinge, die Sie dann immer noch glücklich machen.

Erinnerungsstücke aufräumen (außer Fotos): Wie war's?

Sie haben nun auch bei Ihren Erinnerungsstücken gründlich ausgemistet. Jetzt fehlen nur noch die Fotos. Notieren Sie hier, welche Gefühle aufgekommen sind, als Sie sich mit Ihrer Vergangenheit beschäftigt haben, solange die Emotionen noch frisch sind.

Fassen Sie Ihre jetzige Stimmung in einem Wort oder Satz zusammen:

Warum empfinden Sie so?

Gibt es etwas, das Sie sich mit Erinnerungsstücken für die Zukunft vornehmen möchten?

Zum Beispiel: Ich möchte die alten Kisten in meinem Elternhaus angehen.

Gibt es etwas, das Sie beim Aufbewahren von Erinnerungsstücken in Zukunft anders machen möchten?

Zum Beispiel: Ich hätte gerne eine hübsche Schachtel für Briefe.

Haben Sie sich im Vergleich zu vor dem Aufräumen verändert? Wie?

Zum krönenden Abschluss: Fotos ausmisten

An letzter Stelle beim Aufräumen der Erinnerungsstücke steht, quasi als krönender Abschluss des «Magic Cleaning», das Ausmisten von Fotos. Unmengen von Bildern, die Ihr bisheriges Leben widerspiegeln, können nicht ohne ein geschärftes Urteilsvermögen sortiert werden, sonst verzweifeln Sie früher oder später. Aber keine Sorge: An diesem Punkt haben Sie schon ausreichend Erfahrung darin, zu beurteilen, was Sie glücklich macht und was nicht. Gehen Sie selbstbewusst ans Werk.

Grundsätzlich sollten Sie jedes Bild einzeln in die Hand nehmen, doch falls es auch ganze Alben geben sollte, die Sie glücklich machen, können Sie diese auch behalten, ohne die Fotos zu entnehmen.

Notieren Sie, was Ihnen auffällt, wenn Sie alles auf einmal sehen

Zum Beispiel:
- Viele Fotos doppelt vorhanden.
- Alte Negative in rauen Mengen gefunden.
- Ein verblichenes Fotoalbum ist aufgetaucht.

....

....

....

....

....

....

....

....

....

Glückspendende Alben können im Ganzen aufbewahrt werden!

Nehmen Sie jedes Foto in die Hand und behalten Sie nur die, die glücklich machen

Alte Negative sind grundsätzlich ein Fall für die Tonne. Fotos von Landschaften, von denen Sie gar nicht mehr genau wissen, wo das war, können ebenfalls entsorgt werden. Falls Sie mehrere Bilder von einer nahezu identischen Szene besitzen, wählen Sie akribisch das beste aus. Legen Sie die Fotos am besten chronologisch aufgereiht auf dem Fußboden aus. Es macht Spaß, sich auf diese Weise das eigene bisherige Leben noch einmal vor Augen zu führen.

Familienfotos am besten gemeinsam ausmisten

Ich empfehle Ihnen, Familienfotos mit Ihrer Familie durchzugehen. Zusammen schöne Momente Revue passieren zu lassen, sorgt für viel Freude, und die ausgewählten Bilder werden zu richtigen Familienschätzen.

Wenn etwas nicht glücklich macht, bedanken Sie sich und trennen Sie sich davon

Wie viel war's?

Zum Beispiel: ein Karton voll, 20 Fototaschen

Entsorgen Sie Fotos in einer Papiertüte oder einem Umschlag

Es fällt uns schwer, Fotos zu entsorgen, auf denen uns Menschen direkt entgegenblicken. Wenn Sie mehr als zwei Bilder wegwerfen, legen Sie sie deshalb so übereinander, dass die Bildseiten aufeinanderliegen und stecken Sie sie in einen sichtgeschützten Umschlag oder eine Papiertüte. Wenn Sie die Beziehung zu dem Menschen auf dem Foto bereinigen wollen, geben Sie eine Prise Salz mit hinzu.

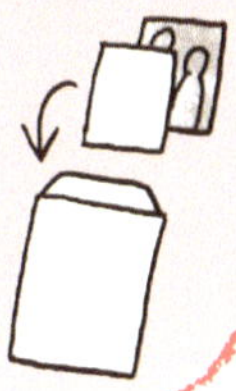

Bewahren Sie die übrigen Bilder so auf, dass sie glücklich machen

Wenn Sie die übrigen Bilder chronologisch sortiert haben, können Sie sie in einem Album voller Glücksmomente zusammenfassen. Oder hängen Sie die Fotos, die Ihnen besonders gefallen, bei sich zu Hause auf. Sie immer anschauen zu können, bedeutet, die Erinnerungen lebendig zu halten.

Fotos auf keinen Fall einfach in eine Kiste packen

Jetzt haben Sie die Bilder extra chronologisch sortiert, da wäre es doch schade, wenn Sie sie einfach in eine Kiste legen und somit wieder aus den Augen verlieren würden. Sortieren Sie sie stattdessen in Alben ein, denn die nimmt man häufiger mal in die Hand.

Fotos ausmisten: Wie war's?

Wie fühlen Sie sich, jetzt, nachdem Sie so viele Fotos aufgeräumt haben? Nehmen Sie sich die Zeit und reflektieren Sie hier, was in Ihnen vorgeht und was Sie in Zukunft tun möchten.

Fassen Sie Ihre jetzige Stimmung in einem Wort oder Satz zusammen:

Warum empfinden Sie so?

....

....

....

....

Gibt es etwas, das Sie beim Aufbewahren von Erinnerungsstücken in Zukunft anders machen möchten?

Zum Beispiel: Mir immer gleich ein Fotoalbum kaufen, das mir gefällt.

....

....

....

....

....

....

....

Die Dinge, die Sie behalten, möchten sich nützlich machen

Sie haben es geschafft: Angefangen mit der Kleidung, haben Sie sich über Bücher, Papiere, Kleinkram bis zu den Erinnerungsstücken durchgearbeitet und sind nun mit dem «Magic Cleaning» fertig! Jetzt sind Sie in Ihrem Zuhause nur noch von Dingen umgeben, die Sie glücklich machen. Für das Zusammenleben mit diesen Dingen habe ich eine Bitte an Sie: Zeigen Sie ihnen Ihren Dank. Wenn Sie abends nach Hause kommen, sagen Sie zu Ihren Schuhen: «Danke, dass ihr mich auch heute durch den Tag getragen habt», zu Ihrer Kleidung: «Danke, dass du mich heute wieder gewärmt hast», und zu Ihrer Tasche: «Danke, dass du auch heute meinen Besitz beschützt hast.» Zeigen Sie auf diese Weise jedem Gegenstand, dass Sie seine Unterstützung an diesem Tag zu schätzen wissen, und stellen Sie ihn währenddessen an seinen festen Platz zurück. Sie müssen dieses Ritual nicht jeden Tag vollziehen, doch ich halte es für durchaus sinnvoll, dass man seinem Besitz ab und zu Danke sagt.

Diese Dinge haben auf verschiedene Weise den Weg in Ihr Zuhause gefunden und existieren nur einmal auf der Welt. Die Beziehung zu Dingen ist genauso kostbar und bedeutsam wie die Beziehung zu Menschen. All die Dinge, die Sie ausgewählt haben, möchten sich Ihnen nützlich machen. Selbst etwas, das von Ihnen entsorgt wurde, trägt diese Energie, helfen zu wollen, in sich und kommt vielleicht auf anderem Wege wieder zu Ihnen zurück. Auch die vielen Dinge, die Sie jetzt losgelassen haben, werden in anderer Form wieder bei Ihnen ankommen. Das ist doch ein Anlass zur Freude!

BENUTZEN SIE IHRE LIEBLINGSDINGE SO OFT WIE MÖGLICH

- So häufig wie möglich benutzen.
- Mit Wertschätzung behandeln.
- Dankbarkeit zeigen.

Dinge strahlen, wenn man sie benutzt. Ihre Lieblingstassen sind nicht dazu da, im Regal zu verstauben. Wenn Sie sie benutzen, werden Sie sie automatisch wertschätzend behandeln und auch den Tee viel eleganter und sorgfältiger eingießen. Eine Tasse achtsam aufgebrühten Tee genießt man automatisch mit einem dankbaren Gefühl. Wenn Sie Ihre Lieblingsdinge so häufig wie möglich benutzen, werden Sie sich viele glückliche Stunden schaffen.

Wenn Sie alles aufgeräumt haben, wird sich Ihr Leben dramatisch verändern

Jetzt, da Sie mit dem Aufräumen fertig sind, haben alle Ihre Dinge einen festen Platz, an den Sie sie nach dem Benutzen nur noch zurücklegen müssen. So kann kein Chaos durch Dinge entstehen, die keinen Ablageort haben, und Ihr Zuhause bleibt immer ordentlich. Immer genau zu wissen, wo sich etwas befindet, spart Zeit, die man sonst mit Suchen verschwenden würde, und erleichtert das Leben spürbar. Dies ist der Abschied von einem Leben, in dem Sie ständig mit Aufräumen beschäftigt sind.

Ausmisten und Aufräumen sorgen zweifellos dafür, dass sich das Leben verändert. Indem man jeden Gegenstand einzeln in die Hand nimmt und sich immer wieder fragt, ob er glücklich macht oder nicht, lernt man, seinem Urteilsvermögen zu vertrauen und sich selbst zu lieben. Wenn man herausfindet, was man wirklich liebt und was Glücksgefühle in einem auslöst, erkennt man auch, was man eigentlich tun will. Man lernt, sein Leben von ganzem Herzen zu genießen. Es gibt unzählige Beispiele von Menschen, deren Leben sich nach dem Aufräumen dramatisch verändert hat: von jemandem, für den sich nach dem Entsorgen zahlreicher alter Visitenkarten eine neue Begegnung als Business-Gelegenheit herausstellte, bis hin zu jemandem, dem nach dem Aufräumen seines Bücherregals klar wurde, was er eigentlich in seinem Leben tun möchte, und der seinen Beruf wechselte.

Wie sieht es bei Ihnen aus? Sie haben nun Ihr Aufräumfest erfolgreich hinter sich gebracht. Welche Dinge machen Sie von Herzen glücklich? Nach dem Aufräumen geht das Leben erst richtig los. Widmen Sie sich von nun an mit viel Zeit und Leidenschaft den Dingen, die Sie glücklich machen.

ZWEI GROSSE EFFEKTE DURCH DAS AUFRÄUMEN

Aufräumen im Alltag bedeutet nur noch, die Dinge an ihren festen Platz zurückzuräumen

=

Erleichterung im Alltag

Man gewinnt Vertrauen in sein eigenes Urteil

=

Selbstliebe

Alles ist aufgeräumt: Wie war's?

Herzlichen Glückwunsch! Sie haben das Aufräumen vollständig über die Bühne gebracht! Kleben Sie Fotos Ihres ordentlichen Zuhauses ein und notieren Sie, wie Sie sich jetzt fühlen und was Sie sich für die Zukunft wünschen.

Sie brauchen keine Angst mehr zu haben, wenn neue Dinge dazukommen.

Versuchen Sie, Ihre jetzigen Gefühle in Worte zu fassen.

Gibt es etwas,
das Sie in Zukunft
einmal ausprobieren
wollen?

Nachwort

Herzlichen Glückwunsch zum erfolgreichen Beenden Ihres Aufräumfests! Wie war es für Sie, «Magic Cleaning» in die Praxis umzusetzen? Empfinden Sie jetzt nicht – nur noch umgeben von den Dingen, die Ihnen am Herzen liegen, in einer noch nie dagewesenen Ordnung – ein Gefühl von Sicherheit, als würde etwas Großes Sie beschützen?

Sicherlich gibt es auch Menschen, die sich besorgt fragen: «Was, wenn sich nach dem Aufräumen bei mir wieder nach und nach Kram anhäuft und das alte Chaos wieder Einzug erhält?», oder die das Gefühl haben, dass an der einen oder anderen Stelle der Aufbewahrungsort noch nicht ganz stimmt.

Keine Sorge, Sie brauchen sich deshalb trotzdem keine strengen Regeln nach dem Motto «Für jeden Gegenstand, der neu dazukommt, muss ein anderer gehen» aufzuerlegen. Ich empfehle Ihnen stattdessen, durch die Beziehung zu Ihren Gegenständen im Alltag Ihren eigenen «Glückssensor» auf natürliche Weise zu trainieren.

Dazu gehört, seinem Besitz gegenüber ein Gefühl von Dankbarkeit zu entwickeln. Auf diese Weise werden Sie im Alltag viele kleine Glücksmomente entdecken und immer wieder innehalten und denken: «Das Leben ist schön.» Das können selbst die banalsten Situationen sein: der angenehme Luftzug, der das Gesicht streift, wenn man das Fenster öffnet, oder das zufriedene Gefühl, wenn man abends vor dem Schlafengehen die Küche blitzblank geputzt hat. Versuchen Sie doch einmal, auf diese Weise die kleinen Glücksmomente des Alltags zu genießen.

So werden Sie mit der Zeit Ihr Glücksgefühl immer besser zu fassen bekommen. Vielleicht denken Sie dann beispielsweise: «Oh, diese Tasche macht mich wohl doch nicht glücklich» oder «Dieser Pullover hat auch langsam ausgedient». Jedes Mal, wenn etwas Vergleichbares passiert, können Sie diese Dinge getrost entsorgen.

Wenn Sie das Aufräumfest vollständig und konsequent hinter sich gebracht haben, werden Sie es grundsätzlich kein zweites Mal feiern müssen. Doch es kann ratsam sein, in bestimmten Lebensabschnitten immer wieder «Mini-Aufräumfeste» durchzuführen. Auch ich habe beispielsweise vor der Geburt meiner Kinder noch einmal diverse Dinge ausgemistet und den Stauraum zu Hause neu organisiert. Indem Sie an jedem Lebensabschnitt Ihren Besitz aufs Neue durchsehen, finden Sie auch heraus, wo Sie gerade stehen und wie es in Ihrem Innersten aussieht. Auf diese Weise wenden Sie sich bewusst der neuen Lebensstufe zu, es wird deutlich, was es zu tun gibt – und das sorgt für Erleichterung.

Falls Sie mit dem Ausmisten keine Probleme hatten, sich aber einfach nicht sicher sind, was Sie am besten wo und wie einräumen, gibt es auch noch die Möglichkeit, einen Profi zu engagieren, bevor Sie sich die ganze Zeit alleine den Kopf zerbrechen. In Japan – und sicherlich auch in anderen Teilen der Welt – gibt es viele Aufräumprofis, die Ihnen in solchen Dingen unterstützend unter die Arme greifen können. Versuchen Sie es doch in so einem Fall einfach mal mit einer Coachingstunde!

Ich wünsche Ihnen, dass Ihr Leben vor Glück erstrahlen wird!

KonMari (Marie Kondo)